人生
就是一次次的
得到與放下

黃大米——著

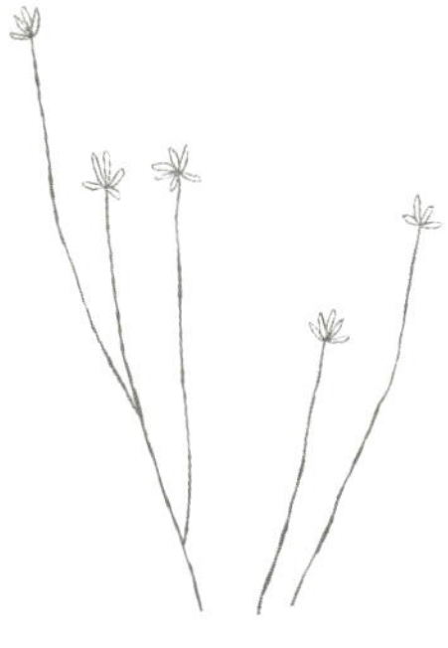

目錄

PART 1

原生不緣深

PART

2

給爸爸的信

PART

3

你不孤單：給照顧者的話

PART 4

人生苦短，活出你想要的樣子

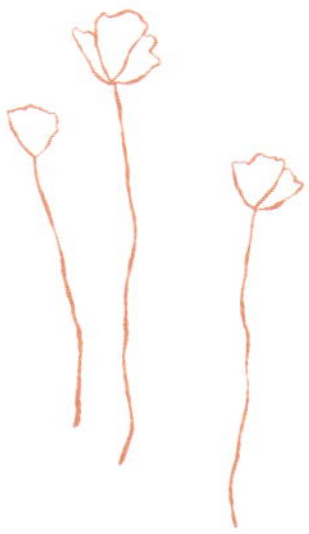

自序——

從貪求到知足，從互相為難到情有可原

二〇一六年，我成立了黃大米粉絲團，陸續出書、上通告、演講。九年多來，我達成童年時想要的出人頭地的目標，也跌跌撞撞地經歷了許多風風雨雨。後悔嗎？未曾。

實現夢想後不是從此風平浪靜，而是有更高更大的浪會撲向你。當你站在高處，自然要承受的更多。明白這個道理時，即便感到痛苦，回頭望向所擁有的一切，最終還是化為兩個字：值得。

人生處處充滿叉路與意外，在沿路攀爬而上時邊思索「要不要改道而行？」。回首人生的軌跡，處處是意外之路，例如，我有想過靠經營粉絲團維生嗎？沒有。我有想過出書嗎？沒有。這些意料之外的道路，引領我通往名利的穀倉。如果我在哪一個交叉路口膽怯遲疑了，現在可能在某個城市的角落，哀嘆壯志未酬。

回首來時路，猛然發現「挫折」與「意外」，才是人生的貴人與轉捩點。寫這本書時，我的心境也已經跟過往不同。年輕時的自己一心只想「追逐」，只想要擁有更多，不斷追逐體面的工作頭銜，追求升官、加薪；追求全身名牌，有車、有房的成就感。一晃眼來到中年時，心境從無止境的「追逐」變成「停止」，停止無謂的追求，停止過多的擁有，停止如潮水般迅速蔓延的人際圈，停止評論八卦、停止購買名牌、停止過多的物質欲望和貪求……我終於領悟到，過多的擁有是負擔，無法知足的生活，如同滾輪上的倉鼠，終日惶惶奔跑，不知所以。開心過日只需要簡配，當日子裡處處都是超額的全配時，每個擁有都在造成心靈的負擔。

人算不如天算，我怎樣也沒料到，一輩子埋怨父親重男輕女的我，會放下工作，回高雄照顧他。扛起來的重擔，不重，因為他是我爸爸，因此付出得心甘情願。

照料生病的至親過程，是一場巨大的修練。照顧者疲累、焦慮、不安、孤獨、承受經濟的壓力，像是一顆又一顆不停墜落的巨石壓在身上。

白天我疲於奔命地處理各種照顧上的難題，消磨了心志。到了晚上，爸爸睡了，才能稍微喘一口氣，確定今日平安過關。

迄今，我還是無法很平靜地去書寫下所有照顧爸爸的心境，動筆維艱。很多人都說，養大小孩的過程是讓自己重新經歷一次童年。照顧重病的親人，又何嘗不是讓自己重新了解父母一次？

對我來說，照顧爸爸的這一年，看到過去威嚴如山的他，高大的身影逐漸萎縮，最後只能躺在病床上，內心百感交集。

他養我一輩子，我是在他生病這一年，才開始了解他。當他臥病在床，能夠陪伴他走過這段人生最後的道路，是我的幸運。

從外人的角度來看，是我在照顧他，對我來說卻是療癒自己的過程。

我漸漸理解到，爸爸已經努力撐起一個家，竭盡全力扶養孩子們長大成人，無法周全之處，情有可原。此時，我心中所有的怨也就如煙消散，只剩下衷心感謝他的養育之恩。

要能第一次當爸媽就上手，是天方夜譚。我的父母不是完美的，我自己也不是完美的小孩，一杯水怎樣端都不會平，養育小孩也很難做到公平。

為難所愛，埋怨所愛，只是在拿過去的記憶折磨、凌遲現在的自己。人與人之間相互理解，好過相互為難。

進入中年的我，體會到「知足常樂」，是最簡單也最亙古不變的人生道理，並且從社會價值觀認為的「好」，淬鍊出自己認為的好與真正想要的人生。從得理不饒人，學會輕輕「放下」與說聲「算了」；從攀緣到隨緣，從追求外在的關注，變成往自己的內心探求；從拚命想改變外在環境，調整成改變自己的心境。懂得審視自己、認識自己，即使千山我獨行，也甘之如飴。

年輕時的「做自己」，是不知天高地厚、壯志凌霄的貪求。中年時的「做自己」，是弱水三千，只取一瓢的知足。

見識過生老病死的殘酷現實，我在寧靜中找回了自己。希望你在閱讀這本書後，也能找到自己的寧靜與知足。

PART 1

原生不緣深

生命無法重來，所有的「如果」都是不捨

爸爸過世後，沒有出現在夢中，倒常常出現在我的腦海中。我在路邊看到外籍看護推著輪椅，就想起了爸爸；我看到公園裡一群老人家圍著下象棋，就想起了爸爸；我在路邊看到有老人家用助行器練習走路，就想起了爸爸。

幾乎所有的主要照顧者在長輩辭世後，都會陷入一種很複雜的情緒。會懷疑自己過去所做的醫療決定是否正確，如果當時用其他方式治療，會不會更好？如果當時不開刀，會不會更好？如果當時不要急救，會不會更好？如果當時……所有的如果都無法驗證，人就是走了。

那些在記憶中反反覆覆檢視是否替長者做錯決定的「如果」，都是一種自我譴責。終極核心是希望家裡的長輩可以多活幾年，多活幾天。

愛是純粹的，但人生豈能預料？每次替家人做決策時，是一次又一次的投石問路、瞎子摸象。承擔別人的人生，多數是超越己力的高估。然而，不承擔也不行，親子之間，身強體健的一方，總想扛起身體衰敗頹圮的另一方，希望扶持他在人生道路上走得遠一點，甚至有朝一日他能自立自強。

然而，**生命不是實驗品，沒有對照組與實驗組。所有的決定也許已經是當下最好的盤算了**。我們捨不得親人離世，因而萌生許多自問自責的時刻，反覆在心裡自我質疑。

爸爸過世後，我陷入某種自責，也有太多疑問。我想知道，是不是自己做錯了哪些醫療上的決定，導致父親的生命無力回天？我找來了擅長占卜的法師，請他幫我探究，到底爸爸是陽壽該盡，還是我真的做錯什麼？

法師說：「這個問題，建議就不必卜卦了！因為無論如何，事情都已經無法改變，卜卦的意義就不大了！死亡，無非就是壽盡而死，福盡而死，非時橫死。如果死的時候很安詳，基本就是壽盡。你可以從死前的狀態做一個基本的判斷，就不一定要卜卦了！如果你真的要卜卦，我還是可以幫你問。」

我要！我想知道。

即便無濟於事，無法更改什麼，我心起執念，總想問個明白。法師占卜後說：「最終的卦象顯示，你的父親是壽盡而死，不是其他因素。你可以多為他做功德、禮拜，替他迴向。」

聽了這些話，我因此略感心安，卻也鑽牛角尖地想著：如果爸爸是因福盡、壽盡，是不是不應該讓他生病這段期間吃得這麼好，就能讓他的福享得慢一點、久一點。

說到底，我終究還是捨不得父親的過世啊。

佛教認為，人往生後，要趁著七七四十九天以內，替往生者佈施做功德，對已故親人幫助最大。我在爸爸告別式後，急著以爸爸的名字捐助物資給弱勢族群，捐錢給貧病人士。這是我送給他的最後一個禮物，希望他在功德庇蔭下，安心上路，一路好走。

爸爸過世後，我去上了一些電視節目，談起這段照顧的歷程，總會不由自主地淚流滿面。我曾經收到粉絲訊息，「大米，你談起爸爸的部分是不是在做節目效果？」

看到這則訊息，我沒有辯解什麼。我多希望自己是在做效果，我多希望自己的父親並沒有死，我多希望那些在醫院面對病況無常的不確定性，可以再多幾天或者幾年……那就代表我的父親還活著啊！

要對外界辯解什麼？能懂的自然懂；不懂的，也就不用多說。何須證明什麼，還要證明什麼？

死亡，已是最終的答案。

不被愛的證明：你是自己最大的靠山

在我年紀很小的時候就清楚知道，爸爸的遺產跟我沒有關係。會有這份自覺，是因為哥哥們享有的教育資源，卻是我眼巴巴的羨慕，自己每次求而不得，而哥哥們不用求卻可得。

我跟哥哥年紀差五、六歲，他們可以去上補習班加強學業，等到我提出想補習的需求時，第一時間就被爸爸拒絕了。

爸爸怎樣拒絕我的？忘了。總之，就是沒有。

如今回頭細想，也許爸爸的薪水用來養家已經很勉強，多一份補習費的支出，想必肩上的壓力會更重。在資源不夠分配的情況之下，我就是被捨棄的孩子。

相反的，如果資源足夠的家庭，是不是就不會重男輕女呢？也不一定。

聽我說個故事。

大學畢業後，我有一陣子當家教老師賺取生活費。我的家教學生家境非常好，爸爸是醫美中心的院長，媽媽也出自名門。門當戶對的婚姻裡，卻隱藏著媽媽常常被家暴，眼睛被打到黑青的陰霾。

他們住在獨棟的大豪宅，家裡的名車多到車庫擺放不下，漂亮的院子裡面養著許多動物，光是傭人就有三個。這樣財力雄厚的家庭，就沒有重男輕女的問題嗎？錯！他們對於兒子跟女兒的教育資源分配也是不同的，媽媽幫兒子請了許多家教，包括小提琴、英文、數學等，女兒則完全沒有。

我一直都不知道這個家有女兒，直到有次暑假，學生的媽媽提出希望我教導兒子跟女兒的作文，我才知道，還有一個小女生的存在。

我問學生媽媽，為何女兒不用上這麼多家教課？

媽媽說：「女兒將來是要嫁出去的，書不用念得太好。兒子將來要接家裡的事業，一定要考上醫科。」這種重男輕女的傳統，不分階層，普遍存在於台灣社會。它跟經濟條件不一定有關，但絕對跟父母的觀念被綑綁有關。父母從未思索過不公平的對待方式，會造成手足競爭與失和。

跳回我自己的人生。被偏愛的人往往都說自己沒有被獨厚，因為那是他從小到大的日常；不被偏愛的人則會以各種方式努力索愛，即便是說謊，也會想試看看。希望父母的目光，可以多看自己一眼。

那次，我對爸爸說謊了。

在我國小四年級時，哥哥們已經念國中。哥哥們在念小學時，總是拿班上第一名的獎狀回家，獎狀黏滿牆壁。而我呢？沒有拿過一張獎狀。

我也想拿一張獎狀啊，如果有獎狀，是不是就能被爸爸肯定呢？

有一次月考，我考了班上的第十名，前三名學校頒發獎狀，後面的四到十名，得到某家企業贊助的獎狀跟獎品，獎狀上寫著贊助企業的名字。

我喜孜孜地拿著這張「非官方」給的獎狀給爸爸看。爸爸看了很久，我感到心慌，流暢地說著謊，試圖解釋：「學校因為紙張不夠啦，所以沒有自己印獎狀，就給外面的公司印。」

爸爸聽完我的解釋，沒有說什麼。而我那時的窘迫卻深深烙印在腦海中，直到現在。

當時的我太想、太想要得到肯定了，我多希望聽到爸爸一兩句讚美，最終還是落空了。

國小即將畢業時，爸爸不讓我念國中，希望我去加工區當女工，對我來說是一大打擊。當時故鄉漁村的女孩都是循著這條道路，但我們已經搬到高雄；時代也不同了，升學成了基本的義務教育。我的爸爸還活在鄉下人的思維，覺得女兒不用念國中。

年紀小小的我，心中的憤怒之火瞬間延燒……

「我不能念國中！為什麼我不能念國中？哥哥們都有念國中，為什麼我不能念？班上同學都要念國中，為什麼我不能念？」憤恨、窘迫、不甘、委屈……所有的情緒化成巨大的壓力。

我大聲地繼續對爸爸說：「為什麼我不能念書！為什麼哥哥們都可以，你就是不愛我啦！」

爸爸作勢要打我，媽媽拉住了他。在混亂中，我甩了門，離家出走。

身上僅有一些零錢的我無處可去，只好窩在媽媽幫傭的那戶人家的樓梯間，躲在廢棄的彈簧床墊背後，過了一夜。

經過這樣一鬧，鄰居跟親戚都來勸爸爸，「要讓女兒念書啦！」「這時代哪有人不讓女兒念國中的。」「你要讓她念書啦，不然她日後會怨你。」

後來我順利念了國一，家裡的經濟情況也逐漸好轉，但心裡的傷卻揮之不去，從來不曾癒合。每次回想起這件事，都忍不住淚流滿面。

在我出書後，上節目通告提起這件事情時，有位主持人幽默的說：「唉呦，你跟哥哥們是同一家公司耶，怎麼待遇差這麼多。哥哥們應該是正職的，你是約聘的，待遇和福利有差啦。」

傳神的譬喻，讓現場來賓們笑成一團，我也笑了。

「對啊，舊的時代觀念，女兒將來嫁人之後是潑出去的水，有一天會離開原生家庭，女兒是約聘。只有男生會永遠在這個家裡，是終身職，當然得到的對待也不同。聽起來真有道理，那麼，如果有天父母生病時，男生會扛起比較多責任嗎？可能也未必。人心、人情的化學變化，從來不是你投入幾分就可以回收幾分。」

因為這些差別待遇，這些索求未果，我每次跟爸爸拿學費時總是備感壓力。一來知道他肩膀上的負擔不輕，總覺得自己每次開口就是在替爸爸添麻煩、增加他的為難。再者，也因為自己不受偏愛，時間久了，心中自有分寸與明白。很多事情就算我開口也不會有，只能靠自己。靠自己想辦法、靠自己拚搏、靠自己是我最大的靠山，不是因為我有多堅強，而是知道家裡能給我的後援不多。

也因為過去種種，我深知重男輕女的爸爸分財產時沒有我的份。不過，知道歸知道，跟事實還是有一些差距，「知道」兩字是自己內心的明白，當事實出現時，則是塵埃落定，「不被偏愛的證明」拍板定案。

那天，爸爸的看護阿娟跟我說：「你爸爸的錢，要給大哥。他說，大哥的孩子還沒結婚，日後結婚時要用錢，二哥跟二嫂工作穩定，薪水好，不用多給了。」

我聽完，沉默著。心想著，那我呢？

阿娟繼續說：「我跟你爸說：『伯伯，你這樣不對喔，你生病都你女兒在出錢出力，你的財產不分給你女兒啊？』，你爸爸說：『很多人都這樣勸我，都這樣跟我說，都這樣跟我說……。』」外人的勸說沒讓爸爸改變心意。

阿娟轉述這事情時，我心中一沉。

我從小就知道家裡的財產跟我無關，我對家裡的付出也不是因為想要得到什麼。但當我知道爸爸只想把所有的財產給大哥時，還是錯愕了一下。理性上也明白，錢是爸爸賺的，他想丟到水溝裡，也是他的自由，但情感上似乎有點過不去。

聽完之後，我還是照樣採買爸爸的三餐跟營養品，心情上卻變得非常輕鬆。自從確定自己在分家產上「落榜」後，之前深怕自己沒照顧好家人的焦灼與不安不見了。

我打了電話告知大哥，要幫爸爸準備什麼晚餐，也交代阿娟要注意的事項。這是第一次，我沒有等哥哥來交接，就上台北跑通告賺錢。

我在此很誠實地述說自己的心情轉折，希望大家認真去想想，即便是一個從小就知道爸爸的財產與我無關的人，在確定爸爸真的這樣分配，心境都會有不同。因此，我真的不建議老人家在生前分財產，這很可能會讓自己陷入被棄養的危機。

雖然在現代社會，逐漸認為父母的錢財是父母自己賺來的，他們有權力如何支配。支配自己的錢財看似理所當然，但支配給誰，給多或給少往往引起爭端，手足因此老死不往來或者對簿公堂；留下的財產愈多，問題愈大，因遺產問題導致無法下葬的新聞屢見不鮮。即便當事人生前白紙黑字載明分配方式，還是會被子孫用各種方式推翻。

至於我爸爸只想把財產給大哥，會不會引起其他手足的不快？我覺得百分之百是肯定的。這也是我爸爸自己必須承擔的，而他會不會後悔？百分之百不會，所以也是他心甘情願的決定。

人算不如天算，後來爸爸驟然過世，他來不及寫遺囑，遺產最終按照法律規定做分配。

偏心是人性
一道無解的習題

電影《情人》改編自法國作家莒哈絲的自傳。劇情最引人注目的是年僅十五歲的她，與中國富商談了一場戀愛。禁忌的戀愛確實很吸引人，但我卻被她母親偏愛長子的情節所吸引。

在三個孩子中，她對大兒子有著很深的溺愛。

有次餐桌上，小兒子拿起餐盤中的雞腿，大哥立刻出聲並搶奪下來，「最大的一塊是我的。」

妹妹替二哥打抱不平，「為什麼大塊的雞腿是你的？」

大哥理所當然地說：「因為向來如此。」

二哥害怕被大哥揍，流淚接受了這個不公平的情況。母親在一旁，沒有指責大哥一句話。

晚上睡覺時，妹妹問媽媽：「你為什麼特別疼愛大哥？」

媽媽說：「我對三個孩子都一樣。」

妹妹大聲抗議地說：「不是這樣的，你說的不是真的！你為什麼這麼溺愛大哥？」

母親目光看向遠方，悠悠地說著：「我不知道為什麼。」

這句對白，「我不知道為什麼。」像是一道閃電，照亮了我的困惑。「是啊，所有發自內心的偏愛與深愛，都沒有為什麼。也因為沒有為什麼，才是真愛。」

在家庭裡面，每一孩子都希望被公平的對待，然而這是一件不可能的事情，因為不論父母怎樣做，孩子都可能覺得受傷跟覺得不公平。

什麼是公平？什麼是合理？父母心中的那把尺，跟每個孩子心中的那把尺，落差很大。

父母永遠不可能是完美的，完美的父母並不存在。經典的廣告台詞：「我是做爸爸以後，才開始學做爸爸的。」他們多數是在倉皇中當上了父母，對於扮演父母的角色並不嫻熟。甚至，在他們還是個孩子的時候，可能也未曾被自己的父母親公平對待。什麼是公平？他們也未曾見過。

人跟人之間的偏愛，往往沒有為什麼。不受父母偏愛可能是命中注定，不會因為表現比較乖巧、聽話、孝順而有所改變。

如果父母發現自己偏愛的小孩長大後最不孝，最啃老，最會亂花錢，最會把錢財敗光光，此時父母會後悔押錯寶嗎？心想，早知道就改疼愛其他上進、孝順的孩子嗎？

答案是，不會。父母不會因此後悔，改疼另外一個孩子。

不被偏愛的孩子，可能因為想要爭取父母的愛，而更加努力。他們以為只要自己表現傑出、很棒、很乖、很努力、肯付出，就會被看見。這真的是錯誤的期待，因為愈付出只會被當作理所當然；愈付出只會被索討更多；愈付出只會讓大家愈敢跟你要東西，讓你成為家裡的提款機跟冰箱。不論缺錢或者缺糧時，都可以找你。

對於父母的養育之恩，盡自己的本分以及能力回報就好，不需要過度付出，更不要期待付出能換來更多的愛。

有些父母會期待物質條件好的孩子，去照顧其他兄弟姊妹。但過度的承擔很可能會壓垮你的經濟，也造就了更多的寄生蟲跟爛人。他們從過去寄生在父母身上，變成寄生於你的給予；這不是在幫親人忙，而是害了他們。你的給予換來的不會是更多的感激跟尊重，而是更多的不被當一回事，因為索討的人會大言不慚的說：「是你自己要給的。」

父母疼愛孩子，總希望所有孩子都過得好。因為他們過去就是家庭資源的分配者，等到孩子長大成人、開始自立賺錢之後，自然也希望賺得多的孩子，去幫助經濟弱勢或者生活出現困頓的一方。因此會擅自作主，分配孩子們的金錢。

這些「共產黨型」父母沒有想過，經濟狀況比較好的孩子，是透過自己的努力賺到錢。他自己有權力決定這些錢要如何花用，而不是滿足父母的博愛精神，均分給大家。

有時候，不是不願意照顧其他經濟弱勢的家人，而是被家人認為「你應該出錢」的感覺，讓人受傷。

舉例來說：如果你的收入比較高，每次聚餐時朋友們都覺得你該請客，你也會傻眼，甚至想要跟他們斷交。

不僅是錢的問題，也是尊重與感受的問題。

朋友可以斷交，父母很難斷捨離，但你可以畫出一條界線。

人生所有給予，都應該是自願，而不是交由父母認為的應該，也不是父母該支派的。

父母偏愛誰，那是父母跟他的因緣。被偏愛的孩子當然會得意，也可能更依賴父母，不懂得努力自立，長遠來看，這不見得是好事。

父母不偏愛的孩子，跟父母之間的緣分比較淺薄，比較不相欠，長遠來看，也不見得是壞事。因為毫無後援，自然會努力往前拚命奔跑。

任何事情，就是做自己該做的，回報自己應該要回報的，不要因為渴求父母的肯定而拚命付出。

不要當好人，去承擔別人的人生，這不是幫助對方，而是害他無法自立，連帶拖累了自己的人生。

個人業障個人擔，小叮做事小叮噹。人人都應該扛起自己的人生，唯有自我承擔才能自立自強，也才能把潛力發揮。

父母心中的公平
是所有孩子都過得好

我們常常覺得父母給予每個孩子的資源跟愛是不同的，因此忿忿不平。如果反過來，你有兩組父母，這些父母們一起把你養育長大，你也能做到對每一組父母都一樣嗎？我想也是很難。唯有一對一的關係，才不會有偏心的問題，其餘的情況不論父母怎樣做，總有孩子覺得不公平。

前年我去了一趟埃及旅行，埃及的觀光業很興盛，導遊是很熱門的行業，中文導遊更是搶手。

我們的導遊阿華大約三十幾歲，畢業於開羅大學的考古學系，目前正在念博士班。他幼時家境不好，初中時到城市打工，遇到一個很輕視他的德國導遊，讓他決定將來長大後也要當導遊，且絕對不要這樣對待別人。

我問阿華：「如果不是那個德國導遊歧視你，你也不會立志成為導遊？」
阿華說：「對！所以我很感謝他。」
我問：「聽說當中文導遊比英文導遊收入好，這是真的嗎？」
阿華說：「多數來說是這樣沒錯。如果英文導遊接美國團薪水就會比較高，一天三百美金。」
我接著問阿華：「你用這份薪水養老婆和小孩嗎？全家都靠你嗎？」
阿華說：「我家只有我在工作。但不是他們靠我，相反地，是我靠他們。上帝同情弱者，希望給弱者有飯吃，因此上帝給我飯吃，是要我去幫助弱者，所以是我倚靠我的家人。」
聽完阿華的解釋，我覺得很感動。不論上帝的算盤是怎樣打的，一個強者能夠這樣想，也就不會對弱者傲慢，而是充滿感謝與尊敬。
十幾天的行程中，阿華一路講解埃及古文物。他的助理叫做阿里，工作就是負責去買門票、發礦泉水、發早餐，以及處理行李等瑣事。他僅陪伴我們大概三到四天左右，阿華則是全程陪伴。
阿華當中文導遊兩年後買了房子，也很快繳納完貸款。他的收入很好，如果一個月帶兩團，大約可以賺到台幣十萬元。至於助理阿里才二十幾歲，他不會講中文，收入沒有阿華多。

有天，年輕的阿里想跟我合照，當他拿出手機，我發現他的手機螢幕已經破了，但他還在使用著。

在旅程快結束時，我手上還有一些埃及鎊，此時，如果你是我，會把手上剩下的埃及鎊給一路辛苦陪伴我們，收入比較富裕的阿華？還是只陪伴我們幾天，收入比較微薄又拿著破爛手機的阿里呢？

請先想一下你的答案，我再來公布我的。

最後，我把手上的埃及鎊，都給了拿著破爛手機的阿里。我覺得阿里比較需要，阿華的收入已經足夠了。

在回程的飛機上，我突然想起了我的父親。他生病時，看護阿娟問他：「伯伯，你女兒這麼照顧你，你的錢都要給兒子，這樣對嗎？公平嗎？」

爸爸說：「很多人都勸過我。我大兒子只有自己一個人在賺錢，比較辛苦，所以我會給大兒子比較多，我女兒自己很會賺錢，不用我給了。」

當時聽完阿娟轉述這段話時，我的心情是震驚又傷心。震驚的是，爸爸真的沒打算要給我，他的答案還是讓我灰心與傷心。

而當我此刻把手上剩下的埃及鎊給了阿里，而不是給阿華時，突然懂了爸爸的心情。我覺得阿華已經擁有很多了，所以不用我給了，我比較想要幫助相對貧困的阿里。

原來父母心中對每個孩子都是牽掛的，他希望每個孩子都過得好。他自己手上剩餘的手尾錢，是他最後能給孩子的幫助，自然想給最掛心的孩子，或者最不成材、最弱勢的孩子。他即便要過世，依舊還在擔心著。

所謂的公平，父母想的不是每個孩子得到一樣多，而是每個孩子都過得好。

避免落入照顧困境，勇於請求分擔

父母對於子女的愛、子女對於照顧父母，都是沒有公平可言。

我常聽到中年人怨懟爸媽，為什麼父母此生最疼愛的孩子，不是出力最多的，甚至是出力最少的？

該怎麼解釋這個情況呢？如果有樣東西是你的珍藏品，你是不是會捨不得讓它風吹日曬雨淋，甚至會無所不用其極地去保護它？你有多保護，就代表你有多珍視。

如果你同意上述的情況，那你也應該就能理解，為何父母捨不得讓自己最疼愛的孩子照料病弱的自己？因為他們捨不得拖累這個孩子。

人跟人之間的互動是一種慣性，如果你跟一個人的關係都是給予，對方也會習慣你的給予，而不是習慣於對你付出。

因此，最受偏愛的孩子會習慣於爸媽的付出，要把情況逆轉，變成最受偏愛的孩子付出最多，會有點難度。孩子們願不願意付出，懂不懂得反饋，也跟父母長期抱持的態度有關。

如果父母總是說：「我老了不用你們奉養，不用你們照顧，我們可以靠自己。」孩子們自然也會這麼認為。

爸媽是真心真意這樣想嗎？不一定。

父母年輕時說出等到年邁不會想靠孩子，是真心真意。因為他們還不知道自己老了之後會有多體弱，多需要人照顧，因此可以說出不需要孩子照料的話。

等到父母年紀大了，身體難以自主、無法走路、無法自己進食時，就會期待被照顧。一如我們平常都獨立自理，在突然發燒重感冒時，如果有人可以幫我們料理三餐或者陪伴我們去醫院，也會備感溫暖。

家人的陪伴對於生病的人來說，是一張安全網，可以接住搖搖欲墜的身體、惶惶不安的心靈。

人在遭遇身體的痛楚時，旁人都無法分擔，所有的痛都得自己痛，別人無法分擔一絲一毫。但有家人在身旁，痛就只是痛，而不會有無依無靠的感傷情緒。所以，當父母說自己將來老了不用靠小孩照料，是一種善意，也是一種疼愛，但也是一種過度承諾。

多數的父母都會怕拖累小孩，那份不想拖累孩子的心情，是愛，也是禮物。但當身體情況已經變成很需要孩子照顧時，子女之間能有錢出錢有力出力，是最好的狀態。但如果分工不均，照料父母的責任很多時候會落在單身女兒、媳婦、事業最不成功的孩子身上，因為他本來就過得不怎樣了，父母會認為拖累他比較沒有壓力，甚至他們沒有正當的理由可以拒絕。

已婚的孩子會說「我有自己的家庭要顧」，單身沒有小孩的人就會被推上第一線。沒有跟父母同住的人，會覺得照顧的責任本來就應該交給跟父母同住的人。

在性別上，媳婦跟女兒比較容易成為照顧者。因為傳統觀念都會認為照顧家庭是女人的責任，但現在的女性跟過去不同，同樣都要出去工作，扛起自身的經濟。在承擔照顧責任時是雙重壓力，蠟燭兩頭燒的艱辛。

照顧年邁的父母很難分工公平，多數是單獨由一個孩子扛起，其他人偶爾來探視。

如果你是扛起照顧責任的孩子，記得在第一時間就跟其他兄弟姊妹好好討論。如何一起承擔，如何分工，你的感受會好一點；如果你因為照顧父母辭掉工作，手足如何在經濟上補貼你，也可以提早商量，因為將來父母過世後，你也將面臨重返職場不易的問題。

至於你的家庭如果有重男輕女的觀念，而你又是那個扛起照顧責任的女兒，請記住，當你願意承擔照料的責任，大家都會很感謝你，但不代表你有幫爸媽簽手術同意書的權利，因此當你開始承擔照料時，建議先問問其他兄弟，爸媽因病需要進行手術時由誰來簽名。

請不要擅自簽名，因為爸媽手術後沒問題就好，萬一有醫療狀況時，你的兄弟可能會怪你，甚至會認為是你害死爸爸媽媽。

有功無賞，打破要賠。

在一個重男輕女的家庭，即便女兒親自照顧爸媽到臨終，兄弟們也很容易覺得女兒沒有資格在葬禮上出意見。因此我會建議你，爸媽過世後，你的孝道就完成了。喪禮要怎樣舉辦，要用怎樣的形式，請放空，不要出意見，出意見只會增添紛擾。你已經照顧父母多年，就別再管喪禮如何舉辦，可以好好休息了。

喪禮的開銷也不要主動扛起，所有主動的給予，別人都不會感謝，甚至會說是你自己要出的。就等其他手足來詢問你要不要一起分擔，你再說好即可，這樣手足才會感謝你。

關於孝道，每個孩子在乎的點都不一樣。有人聚焦於爸媽生病時的照料，有人在乎的是喪禮是否盛大體面，沒有誰對誰錯，就是彼此尊重。請記得做任何付出之前，都要自己心甘情願，也務必牢記傳統的禮教不是努力就可以顛覆、翻轉。

請照顧好自己，回到自己的順位，不要讓手足之間有紛爭，也是一種對父母的孝心。

人生很多事情都沒有為什麼，放下想要尋求為什麼的心，做好自己想做的事情，心情就可以從內耗的糾結中，找到心甘情願的平衡點。

當照料父母的事務手足之間分工不公平時，就跟自己說：「我是獨生子女。」當你不再期待別人來分擔時，承擔起來也就會輕盈許多，甚至會感謝其他手足偶爾來探視。請把手足當訪客，內心就會好過很多。

說不出口的愛與榮耀

我念幼稚園時，媽媽總愛將我打扮得像小公主，綁好辮子，打上漂亮的蝴蝶結，裝扮一番後帶著我一起去菜市場，每當別人讚美女兒長得很可愛時，那一刻，她臉上總是閃耀著光芒與笑容。

我爸也很愛帶著總是嘰哩呱啦講不停的我，去參加親友的喜宴。我猜想爸爸應該是很開心沉默寡言的自己，生出宛如九官鳥一樣會說話的女兒，超越了他的基因。

父母養育孩子長大的喜悅，多數時候我是不記得的。倒是有次他們去看孫子運動會，回來後，兩個老人家笑著討論小孫子在大會舞上扮演小獅子多會扭屁股，他們那種喜悅的神情，讓我印象好深刻。

養孩子的喜悅，大概就是看著他長大，看著他學會許多自立的技能，光是這樣看著，就會嘴角上揚。每一個注視的目光，都是愛。

人們看待自己的事情總是容易失準，看待別人的事情比較客觀。我何時察覺自己是爸爸的驕傲？是在病房中。

那天，醫師查房時，邊檢查邊找話題跟他聊天，「阿伯，你身上的衣服是鐵路局的運動服，你從鐵路局退休的嗎？」

「不是我，是我兒子在鐵路局上班啦。」爸爸說著，臉上有一種鋪哏很久，終於被看見的得意。

我也才發現，爸爸最常穿的兩件衣服是哥哥從任職的台鐵領回來，印著公司徽章的運動服，以及我在非凡電視台當記者時，公司發放給員工的紅色外套，衣服背後印著大大的「非凡電視台」五個字。爸爸穿著這件外套好多年，他在大樓地下室當停車場管理員時也經常穿著，我以為爸爸只是想省錢，所以穿著孩子們從公司領回來的衣服，卻沒想過，這是他想引起別人注意的心思。

當外面的人詢問他這件衣服的由來時，他可以得意地訴說，孩子們在鐵路局或者電視台工作。

所有說不出口的愛，都在行動中表現。

雖然我爸爸重男輕女，但我終歸是他的女兒。是他用勞力賺錢，換取一日三餐養大的，怎可能沒有愛呢？當然是有愛的。只是我總渴望、總期待自己是家中最受偏愛的孩子。

每個孩子都是如此吧，希望得到父母最多的疼愛與關注。因為這些孩子也深愛著他的父母，才會這麼努力地討愛。

在那段推著輪椅帶爸爸去公園散步的時期，我看到一位老伯伯穿著高雄中學的運動服，我詢問他是否是雄中的校友？

老伯伯的話匣子瞬間被打開，「這是我大兒子的衣服，他現在在美國工作。我二兒子也是念雄中，後來念台大……」，功成名就的孩子們都在國外，老伯伯跟外傭住在一起。他對孩子的牽掛與想念，盡在那件雄中的運動服。

老伯伯跟爸爸的心情是一樣的，他們穿著孩子的公司或學校發放的衣服，等待有人問起，可以好好述說孩子們的成就。每個孩子都是父母此生投注最多心血的作品。

養孩子的樂趣，在哪？

應該是父母在孩子身上重溫自己曾經走過的青春與童年。

他們用盡一輩子的付出，深切盼望孩子超越自己。在年紀老邁時，即便孩子為了前途打拚，無法陪伴在身邊，也都會盡力去體諒與包容、無怨無尤，愛得深厚且無聲。

看見愛的那一刻，我拯救了自己

我很久不曾感受過經濟壓力帶來的困窘，但是有個月突然有一筆很大的支出，讓我的戶頭頓時空了不少。我苦笑對朋友說：「好久沒有體驗銀行帳戶水位這麼低的感覺。」

我照例給了媽媽下個月的孝親費，要她安心，女兒還是很罩的。我沒有提起戶頭鬧空城的事，她年紀大了，我不想要她擔心，只希望她開心地過完餘生。

掛上電話後，我突然想起，童年時每次開學繳納學費或者向爸媽伸手要錢時，總讓我感到壓力與抱歉，覺得自己給爸媽添了麻煩。

每個孩子都是很愛爸爸媽媽的，因此會不想讓他們為難。然而，對收入不寬裕的父母親來說，每天的三餐與日常開銷，就是一大艱難挑戰，黃口無飽期啊。童年時，即便爸媽沒錢，最後都會拿出該繳納的學費、班費給我。這些錢究竟哪裡來的？

可能是借來的。

扛起家計重擔的他們，想辦法弄來這些錢，是多麼不容易啊！

我第一次感受到持家的經濟壓力是爸爸生病的時候，當時開銷如流水，早上從提款機領出來的鈔票，晚上就剩下沒幾張；每一天都有突發狀況發生，需要用錢去解決。

那時我深切感受到父母親要養大一個孩子有多不容易，尤其對收入不高的家庭來說，更是艱難。

每個孩子都像是提款機，提款密碼是「血緣」與「親情」。

我每次在書寫文章時，總會再次回頭凝望童年。時空轉換、立場改變，每一次回頭審視，看到的東西都不同。

以前我總是站在自己遭受不公待遇的角度看待過往，我那些抗議、那些怒吼，都是為了討愛跟討資源。現在經歷父親的死亡，我突然能夠站在父母的角度去看同一件事情，理解他們的艱難。

在過去認為為沒有愛的地方，看到了愛的蹤跡，與他們的付出。透過書寫，回望童年，重新審視自己時，我想起一件陳年往事。

在我念大學時，在中鋼任職的爸爸，因為年紀大了，從第一線的廠房被轉調到福利社之類的單位。

當時悅氏礦泉水舉辦了蒐集瓶身標籤就可以換雨傘的活動，我很喜歡那把雨傘，爸爸因為在福利社工作，就幫我蒐集了很多標籤。勤儉的他是不可能去買礦泉水的，想必是從垃圾桶中撿別人丟掉的瓶子，蒐集標籤給女兒換陽傘，而當時的我有特別感動嗎？

沒有。

對於一個正在念大學的青春少女來說，她忙著探索五彩繽紛的世界，忙著跟同學聚餐，忙著交男朋友，怎可能花時間回顧、凝視原生家庭呢？

大學畢業後，有一陣子我在當家教老師，學生是知名鞋廠千金，爸爸是董事長，一家人住在市中心的華麗豪宅。當時超商推出Hello Kitty磁鐵，身為董事長的爸爸買了很多商品，兌換超多Hello Kitty磁鐵送給女兒。我看著那一大疊可愛的磁鐵，覺得我的學生真是幸福。

仔細想想，我爸爸在垃圾桶蒐集別人不要的礦泉水標籤，跟鞋廠千金的董事長爸爸花很多錢買超商商品，兌換Hello Kitty磁鐵給小女兒的心情是一樣的。只是，過去的我，總忽略了自己所擁有的，對於得不到的東西印象特別深刻。

很多反思，都不是刻意想，而是靈光乍現地串起不同的片段，同一件事情因心境不同而有了新的視角。

人總是牢記那些被虧待的事實，反倒容易遺忘被善待的記憶。

童年的回憶是永無止境的，每次回首時不斷延伸；再次凝視時，總是會找出新的線索，很像電影中的特寫鏡頭，每一次回顧特寫的地方都不同。

但願你和我一樣，每次播放《我的童年》這部片子時，在看似雷同的影像回顧中，都能找到父母疼愛你的證明，療癒那顆曾經受創無助的心靈。

人生中重要的不是完美，而是完成

爸爸驟然過世後，我明白所有的事情都可能瞬間轉變。不論是家人或自己的健康情況，都不是永遠不變的。

活到四十多歲，我終於明白，人生中重要的從來不是完美，而是完成，只要出發就會抵達。

一直想去國外遊學的我，如果不快點出發，不知道生活裡會發生什麼事情，可能一耽擱，就永遠不會出發了。

辦完喪禮後，我去洽詢遊學代辦，唯一要求就是，愈快出發愈好。來到菲律賓的宿霧後，環境轉變，心境也轉換得非常快。前陣子，我還每天在病房裡照顧爸爸，處理各種突發狀況，內心常處於在於束手無策的焦慮，如今像是打開多啦A夢的任意門，過著異國遊學生活。人生像是舞台劇，簾幕一拉一放之間，場景轉換，登場的人也變了。

在人生的舞台劇上，有些人只在第一幕到第九幕登場，從第十幕開始，就再也沒有他的戲分了。可能是他登出了生命，也可能是彼此各奔前程，人跟人之間猶如兩顆自有轉速與方向的球，所有的交會都是偶然。

四周場景的變與不變，都是一種幸運，端看你怎樣看。

遊學的同學中，年紀落差很大，從二十幾歲到六十幾歲都有。二十五歲的同學是個年輕上班族，她哀嘆自己身處在最焦慮、最辛苦的年紀。而我跟其他年紀比較長的同學都寬慰她說：「二十幾歲是人生最好的時光。」

我二十幾歲時焦慮嗎？非常焦慮，深怕自己的腳步慢了一步，就會在職場上卡不到好位子，言談間處處是不安。

二十八歲那年，我去一家傳播公司面試，在面試過程中，主管大概是感受到我對於前途的焦慮，他問我：「你為什麼這麼急？」

我脫口而出的答案是：「我很老了，我二十八歲了。」

主管錯愕到不知道要回什麼。

最後，我有得到這個工作機會嗎？沒有。年僅二十八歲的我在四十幾歲的主管面前，大喊自己老了，真是白目。

二十幾歲的焦慮比較像是自我焦慮、職場焦慮。那段焦慮於卡不到職場好位子的時期，我常覺得時間非常非常漫長，常常自哀自憐，覺得上天苛待了我。覺得其他同學、朋友比我幸運，覺得他們沒有比我厲害，也沒有比我認真，為何他們大學一畢業就可以到大公司工作，而我卻還在四處丟履歷表。

這段期間，我一邊焦慮，一邊積極增加自己資歷的豐富性，有案子就接。不論是以篇計價的文字工作，或是廣播電台的假日音控，只要跟傳播相關的工作我都願意全力以赴。到宜蘭當地方電視台主持人、南下到高雄當政論節目的製作助理，只要願意給我機會，全台灣我都願意去。

工作飄泊不定，前途茫茫，覺得時間好漫長、好煎熬。現在回頭看，也不過是花了三年的時光，我就卡到理想的位子。三年的時間很漫長嗎？當你年紀愈大時，愈會覺得它短到像是一個季節。

最煎熬的不是時間，而是我蠢蠢欲動的野心與企圖心，它們像是一頭野獸，日日鞭策著我，要更積極一點、更努力一點，好餵飽它們像是無底洞一般的胃。

二十幾歲的焦慮，是自己嚇自己，忙著調整自己在生涯起跑點的姿勢，忙著擔心未來。而在青春就是資本下，其實是很有餘裕的。

三十幾歲的焦慮則是社會給的，那是扎扎實實一棒又一棒的鞭策。我第一次明白，薪資是社會大學的文憑，車子不是代步工具，而是社會階級的象徵。物質的追逐帶動經濟壓力，想要擁有的愈多就得在職場上更賣力。同儕的薪資差距也在此階段逐步拉開，當你還在領三萬多的薪水，已經耳聞有人月薪四、五萬。

四十幾歲已經不是焦慮而是壓力，職場上啟動的是拚生存的保位戰，保住職位大作戰。職位卡關組，開始積極尋求各種兼差機會，希望透過開源，緩解養兒育女伴隨而來的經濟壓力。職場勝利組則是意識到年紀與高薪帶來了職涯危機，不斷努力往上爬的職場是一個弔詭的遊戲。當你幸運地一路過關斬將，擁有更好的頭銜與薪水時，會突然發現拿到高薪後，想轉職變得困難重重，處處是小廟，容不下高薪、高位的大和尚。想要跳槽可不是光靠有實力就可以，人脈與關係可能更重要。

人生中的每個階段都有難題需要突破，也都有不同的風景可以欣賞，沒有人可以陪你闖過每一關，別人可以幫你一段，無法拉你一生，闖關、突圍都要靠自己。

要闖過多少人生關卡，看過多少人生或晴或雨的風景，得到多少幸運，才得以存活下來，能夠活著老去真是幸運啊。

不同年紀看待同一件事情的感覺都不一樣，中年後對自我的期許是能突破的事情就努力去突破，無法突破的窒礙就輕盈放下，逆境順境都能安然處之，這樣就很好了。

PART

2

給爸爸的信

父母的身教，永遠不會改變的印記

親愛的爸爸：

對於我們是怎樣從嘉義新塭老家搬到高雄的，我沒有太多記憶。

年僅三、四歲的我，對於高雄的第一個印象是我們全家五個人住在一間小小的雅房裡，我們所有的家當都裝在水果紙箱中。當時會覺得苦嗎？沒有。對年幼的孩子來說，只要爸媽在身邊，有個地方睡覺，三餐可以吃飽，這樣就夠了。每當媽媽去跟鄰居借錢時，爸爸在承受經濟壓力時情緒失控的怒吼，才讓我隱約知道家裡沒錢。

我什麼時候更明確知道家裡窮困呢？上小學一年級時。我看著同學鉛筆盒裡都是日本製鉛筆，長髮辮子上繫的緞帶也來自日本，我在別人的物質享受中，看見自己的匱乏。

在此之前，即便家裡窮，內心卻是豐盛的。在未經世事的孩子心中，知足是很容易的事。

從鄉下來到高雄，我發現馬路變得很大、很寬，鄉下的路都窄窄的，人和車子都少少的。我還記得，有天媽媽牽著我的手過馬路，她跟我說：「我們等到都沒車了再走過去。」

高雄是大都市，馬路上一直都有車子來來去去，我跟媽媽在路邊站了很久，都等不到沒車的時候。我不記得後來是怎樣過馬路的，但對高雄這個熱鬧的大城市的驚訝是發現，馬路上永遠都有車。

第一次搬家的記憶是，小學三年級時，您買了人生中第一棟房子，那是一間位於四樓的國宅公寓，據說其他樓層競爭激烈得靠抽籤決定，四樓因為諧音「死」，很多人忌諱，就變得冷門，我們也就順利買到了。

別人不要，我們要，只要能住就好，只要能用就好，這是您的持家之道，也是生活捉襟見肘時的因應對策。

在我的印象中，家裡的沙發都是撿來的，去哪撿呢？逢年過節都會有人丟出來。別人家的垃圾，是我們家的珍寶，搬回家還可以使用好幾年。我對於這些來路不明的沙發很感興趣，常常用手去撥開縫隙，看看裡面有什麼。有次意外撿到國外的銅板，「國外的銅板耶，一定很值錢，我要偷藏起來。」

那些銅板後來去哪裡了？忘了。小孩子的珍藏，往往藏到自己都忘了，但當時那種看到國外錢幣覺得賺到的感覺，印象好深刻。

家裡的沙發、桌子都是撿來的，即便到現在，我看到有人把家具丟出來時，也都會忍不住多看兩眼。每個放在路口轉角的廢棄物，都是我家的聚寶盆呢，源源不絕。只要有人丟，我們就有機會可以撿，明天路上會冒出什麼家具可以撿拾？真是充滿期待啊！

您生性勤儉，對您來說，所有生活的用品，能不花錢就不要花錢。

我們要從承租處搬到新買的公寓時，您當然不會花錢請搬家公司幫忙。您不知道從哪裡借來了一輛三輪車，我們就用那輛人力腳踩的三輪車，完成搬家的任務。

我們最貴重的家當是媽媽陪嫁時的衣櫃，迄今還在，已經有五十多年的歷史。在我們家想要丟掉舊東西很不容易，因為丟掉舊的就代表需要買新的，買新東西要花錢，當然不可以。

搬完家後，您在疲累中帶著欣喜，躺在空蕩的客廳正中央，說：「住在這裡很好，風好大好涼，風真透，都不用開電風扇跟裝冷氣。」

今天晚上我也在搬家，我要搬到離你們比較近的房子。我當時因為想要就近照顧已經生病的您跟媽媽，非常匆促地買下這間房子。在裝修房子期間，每當推著您去逛公園時，會經過自己買的這間房子，我問您要不要上樓去看一下？您搖搖手說不要，只問了坪數多大、多少錢等細節。

後來我才知道，您雖然沒有上樓看過我新買的房子，但總是在去老鄰居家修剪頭髮時，得意洋洋地說：「我女兒又買了一間房子，很大很漂亮；就在前面菜市場附近的轉角，很大很漂亮喔。」

事實上，您根本沒進去過那房子。

對於能滿足您去跟人炫耀與誇口，我覺得很驕傲。只要您覺得開心我就開心，至於您為何不來我新家看一看呢？我真的不知道。可能女兒買房子對您來說，真的是從來沒想過的事情，要接受這件事，或許也很困難。

終於，我的新家裝潢好了，而您已經去世快一年了。因為您已經過世，我不用每天跑去舊家照料您，不用每天下午推著輪椅跟您一起去逛公園，不用帶您去醫院回診，那間房子失去了購買時為了就近照顧您的初衷，所以我搬家搬得意興闌珊。

如今，我已經有經濟能力請搬家公司，但因為您勤儉的身教，所以我騎摩托車載著一些細軟過去新家。如果我拿這些搬家的時間去賺錢，經濟效益應該會比較高，但有的時候，父母的身教成為一種行為上的DNA，想要改變還真難。

「做人要靠自己，能省則省，不要亂花錢。」這是您留給我的身教，如此深刻，難以改變，也讓我一生受益。

扛重擔卻孤獨的一家之主

親愛的爸爸：

您非常勤儉，我很少看到您買東西；您對於賺來的錢，務求只進不出，所有的物品能用則用，能不買就不買。也因為您非常討厭看到我們購物，因此我們從小就學會了對您說謊，總是說：「這東西不用錢，是隔壁鄰居送的。」「這東西是集點換的。」「這東西現在買一送一。」所有跟您說的售價都是打折再打折，或者少報一個零。

媽媽的金錢觀跟您南轅北轍，她的個性樂天，毫無理財觀念。她深愛小孩，所以只要能讓孩子開心，即便是標會或者借錢，她都願意滿足孩子的需求。她總覺得，下個月就有錢了；再標一個會就有錢了，她總是以會養會，每個月家用開銷都透支。

童年時期，我常常聽到媽媽說：「等會錢進來後，日子就可以輕鬆了。」輕鬆的日子從來沒有到來，每次她拿到錢時，總是先替小孩買隨身聽、機車、鞋子、褲子……錢就花光了。

媽媽的金錢觀是當下開心就買，寅吃卯糧。這種及時行樂的消費態度也是有好處的，我跟哥哥總能在媽媽滿足我們的物質需求時，感受到深深的母愛。

我童年時最喜歡跟媽媽一起去菜市場，她總是用溫暖開朗的語氣，低頭詢問年幼的我：「你要吃什麼？要不要買你最喜歡吃的西瓜？要不要吃乾煎豆腐，你不是最愛吃煎豆腐嗎？晚餐要不要吃炒小黃瓜？」一路上，所有的採買，都可以感受到媽媽的愛；還可以在走累的時候，被帶去小吃攤吃一碗我最愛的麵線糊。那段陪媽媽去菜市場買東西的時光很美好。

家裡的孩子都跟媽媽比較親近，在家裡，我們是媽媽那一國的，爸爸是自己一國的。當媽媽錢不夠用時，去騙爸爸的錢拿去給媽媽花用是孝順，年幼的我們渾然不覺，這樣的行為有什麼不對。

萬家燈火，燈火下每個家都有自己運作的道理，有些家庭的運作方式讓外人看了覺得不可思議，卻是那個家庭得以安然度日的潛規則。

爸爸，您可能也察覺到媽媽的金錢觀深深影響著我們幾個小孩，您對此不滿意卻也無能為力，您總是在瞥見我們偷偷買東西回家時，搖頭嘆氣。在照顧您時，您曾說：「你們阿母啊，有多少花多少，存不住錢啦！」

您對母親很了解，對孩子也有一定程度的觀察，知道我們都存不了錢。但事情總是一體兩面，長大後，我們由於對外人出手大方又慷慨，因此總贏得好人緣。

您到過世都不知道，我小時候很常跟您說謊，謊稱要繳納班費、簿本費、午餐費，這些費用都是真的，但報給您的數字都是假的，都是浮報。為什麼要多報呢？因為媽媽的錢不夠用，她要我們找名目跟您多拿一點。

您納悶過這些浮報的數字，也懷疑過怎麼一天到晚都要繳錢給學校？我只能低頭沉默著。等到您給了錢之後，我們就跟媽媽一起關在房間分贓拿到的錢財。養老鼠咬布袋，足以形容當時的情況。

我們會因為說謊騙您而有罪惡感嗎？不會。因為媽媽說，都是您家用給的太少，她沒錢買菜煮三餐，才需要唆使孩子巧立名目去跟您要錢。

當我們窩在房間分錢時，坐在客廳的您是怎樣的心情呢？是我從來沒想過的。直到您生病，我在照料你的那段期間，與媽媽一度意見不合陷入冷戰。每當我踏入家門時，媽媽立刻一臉怒容地走入房間，不想看到我。

媽媽的個性善惡分明，非黑即白，在她的世界中，跟自己想法不同的人，就是敵人，就是不同國的人，就要孤立對方。

我一個人站在客廳，聽到房間傳來媽媽跟姪子們歡樂用餐的聲音，我像是局外人，一個不受歡迎的外人；我扛起照料爸爸的責任與金錢，卻不受歡迎、備受責難，我深感委屈跟錯愕。

在那一刻我才了解，身為爸爸的您過去被我們孤立在客廳的感受。

您用勞力、苦力養活孩子，而孩子們最親近的是媽媽，看到您總像老鼠看到貓，總是感到畏懼。

您是一家之主，日復一日地辛勞付出，是家裡經濟的靠山，您也跟高聳的山嶽一樣孤獨。

俗話說「有錢能使鬼推磨」，我們家裡窮困沒錢，於是您成了那個日日夜夜為了錢而推磨的窮鬼。您的日常花費甚少，勤勞推磨的原因全是為了孩子。

在您年邁生病時，我扛起支付醫藥費的重擔，才知道這個擔子有多重！也體會到人在家中坐，開銷從四面八方來。您所有持家的艱辛與被孤立的孤寂，我都是在您生病之後才能理解。親愛的爸爸真是辛苦您了，我很遺憾您還在世時，我未曾跟您說過一聲對不起。

我一直在等待您對我的肯定，卻未曾反思，您也需要我給您一個肯定。爸爸，真是抱歉啊，我來不及跟您好好道謝，真是抱歉啊。

窮人把錢看得比命重

親愛的爸爸：

最近我剛從埃及旅行回來，在旅行中我得到重感冒，身體非常不舒服，回程時我想加價買商務艙，讓自己可以有比較大的位子休息，舒舒服服地睡個覺。詢問價格大概台幣三萬，要花這筆錢我有點心疼，一猶豫就錯過在櫃檯加價的時機，只能上飛機時再次詢問。

機上加價買商務艙的的價格是，四萬五千元。四萬五！整整比在櫃檯買貴了一萬五，實在花不下手。

於是我坐在經濟艙裡繼續忍著身體的不適，狂喝水、吃藥、猛跑廁所，讓身體溫度不至於節節攀升。

在航程中，我昏昏醒醒了好幾次，腦海中閃過一個體悟：「原來對窮困出身的人來說，錢比命重要。只要能夠省錢，忍受身體的不舒服是可以接受的。為什麼我們會有這麼荒唐的概念呢？我想是因為窮人太習慣用身體的勞動來換取金錢，如果讓身體受點苦可以省錢，多數勞動階層的人都會覺得可以接受，甚至會覺得划算吧。」

想到這裡，我就好感嘆啊！對窮人來說，只要今天有飯吃，家裡的孩子有飯吃，生病是將來的事情，將來的事情，將來再說。體力跟時間都是可以拿來賣錢的，甚至讓身體或者器官受點傷害是無所謂的。

窮苦人從來沒有想過，他根本沒錢買一個新器官給自己，甚至當器官衰敗時，可能也沒錢去好好治療。如果能夠預防器官跟身體受傷，就是在省錢跟存錢，但這種想法對窮人來說太遙遠、太高級了。沒錢的人家總認為今天可以吃飽就很好；相反地，有錢人不會這麼想，他們知道身體的健康跟舒適是最重要的，花錢讓身體不累，天經地義，「預防勝於治療」這件事情，有錢人比窮人實踐得更徹底，反倒是愈沒有條件的人，愈敢用耗損身體的方式去省錢跟賺錢。

爸爸，您跟大伯都非常勤儉，你們兄弟都是苦過來的人，每一分錢都捨不得花。

我印象中大伯連個皮夾都沒有，每次拿錢總是從破破的塑膠袋中小心翼翼地掏出錢。寫到這裡，我突然想起，您也沒有皮夾，而我居然也不曾注意到，我只會跟您要錢，卻忘了留心您生活中是否少了什麼。

您的童年過得太苦了。您跟我說：「阿公、阿嬤生病都沒有錢看醫生，只能等死。」

您告訴我這些事時，已經七十九歲。我看到您眼神中有著酸楚與不捨，當時我不懂，「子欲養而親不待」的心痛，是因為您還活著啊！

原來一個孩子可以對於很多事情不懂，是因為還有父母罩著；當父母都不在時，塌下來的天就得自己扛起，成為一只斷線的風箏、一個獨立的個體。

您生病的時候，我擔心您吃得不夠營養，買了一堆食物，魚肉、雞蛋、青菜、水果給您吃，您總是邊吃邊搖頭，用台語緩慢地說：「免買這麼多啦，吃不完啦，買一兩項就好。」

過去，您只要看到我們去買東西就會生氣。您這輩子很少買東西也很少外食，以前小時候，我跟哥哥們晚上肚子餓，跑去買陽春麵都要藏在衣服裡，生怕被您看到。因為您只要看到後就會責問媽媽，「為什麼要給小孩錢去外面買吃的？」「為什麼不能在晚餐時吃飽？」您盛怒的模樣讓我跟媽媽都嚇得不敢說話。在這樣的情況下，我們的生存之道就是瞞著您偷偷買東西，如果不小心被您看到，也都會說是鄰居送的，不用錢。

在病房裡，您對於我大手筆地採買三餐，對於我花錢的闊綽很不以為然。您捨不得那些錢，但我捨不得您的命。住院後期，您甚至只要看到我買太多食物，就乾脆賭氣不吃，逼得我只能聽您的，每次只買兩樣食物，不再多買，您才願意動筷子。

這輩子我最常說的謊話就是「不用錢」，不用錢，不用錢，什麼都不用錢：因為您只要聽到我們花錢買東西就會生氣。媽媽常說：「跟著你爸爸真命苦，被管得很死，沒錢沒自由。」她經常對我說：「你長大後要自己會賺錢，就不會被管得死死的。看人吃穿很艱苦，我是放不下你們三個小孩，不然我早就離婚，早就跑了。」

媽媽跟您生活了大半輩子，在金錢觀念上有極大的不同。媽媽很擅長人際往來，對鄰居很好，不太有存錢的概念，常常一拿到錢就花光，倒不是花在自己身上，而是花在小孩的開銷上。

您總是很努力工作，抱持著對每一塊錢都不亂花用的態度，把賺來的錢都存了下來，套句哥哥的說法：「爸爸的錢是只進不出的。」您勤儉的個性讓我們家經濟情況得以改善，日子變得好過。

我曾經無法理解您的勤儉成性，等到您生病，我支付您的醫藥費時，才了解您的不容易。我常常早上去提款機領了一萬元出來，怎麼到了晚上就只剩下兩三千，錢花哪？您的尿布、保健品、看護的三餐、買便盆椅，每天都有雜七雜八的支出，錢就沒了！我忍不住感嘆：「原來養家這麼不容易，養家壓力這麼大，爸爸，您真的辛苦了。」

有天在醫院裡面，您睡得很熟，一直說著夢話：「我還有沒有錢？」、「加班的錢要算給我」、「你不要買那麼多啦」……我聽著您的夢話感到很心疼。「勤儉」兩字已經烙印在你的心裡，即便家裡的物質條件已經改善了，窮怕了的陰影與沒錢的不安，卻始終揮之不去。

錢跟命哪一樣重要？當然是命。原本以為平日花錢不手軟的我，不會犯跟您一樣的錯誤，把錢看得比命重要。但在我明明罹患重感冒卻捨不得花錢升級商務艙時，我才知道，您對我的影響有多深。

親愛的爸爸，自您走後，我總是像這樣，時不時地想起您。在某些時刻，察覺到您對我的人生潛移默化的影響是這麼巨大與深遠。

留級、重考、求學不順，父母操煩無終點

親愛的爸爸：

我在宿霧念語言學校的第二天，早上睡過頭，錯過了學校的早餐時間。下樓後看到同學們圍坐在桌前聊天，本來想去自修教室寫文章的我，還是加入了聊天的行列。

現在的我已經懂得自我察覺，終於知道為何我從小到大，書一直念不好，不是笨，而是我太容易分心。路邊的花花草草總是比念書這件事吸引我，跟人聊天與朋友聚會，總是被我放在最優先的順位。

我在學校人緣一直很好，成績卻非常差，高中時總是在班上倒數前三名，我不敢讓您知道，但您最終還是發現，因為我留級了。

我也曾想要努力去挽救課業，但似乎就是記不住書本的內容，英文、數學成績都不及格，地理也岌岌可危。依稀記得，我趁著大家去升旗時，偷偷摸摸地溜進教室，偷改考卷上的答案，最終還是被當掉、留級了。

留級這件事情讓我覺得非常窘迫，當時我是學生會長、社團社長，這些頭銜見證我多麼會玩，多擅長經營人際關係，多麼具有群眾魅力。會玩又會念書這種夢幻的事情，沒有發生在我身上。我很會玩，不太會念書。

扛著學生會長的名號留級，超級尷尬。當我重念高二，踏入校門時，教官對我說：「大米，我很佩服你，還有勇氣來。」

有啊！當然有勇氣。雖然當下覺得有點窘，但我還是來上學了。

第一天覺得窘迫不安，第二天就好一點，等到融入新的班級後，日子似乎也沒這麼艱難了。

人生很多事情不也是如此，任何挫敗發生時，躲在房間哭泣的那一刻，總是那麼無助，覺得全天下都知道我失敗了，覺得全世界的人都在嘲笑我，覺得此刻的不順遂會凝結在自己身上一輩子。然而，等到年紀漸長，我終於知道不論好事或者壞事都不會凝結在身上一輩子，一切都會過去。

我也終於明白：我們在別人的生命中，往往只是茶餘飯後閒聊的話題，大多數的「別人」，都只關心自己的事情。也因為我們把自己看得太重要，受挫時才會如此煎熬；**人生是自己的，自己是自己的，你的喜怒哀樂最在乎的只有你自己。**

等我明白這些道理時，已經來到中年。年輕時，有好長一段時間都活在自己幻想出來的地獄裡，那個地獄叫做「別人的眼光」。

高一留級的時候，我不知道怎樣面對您。因為我深知，爸爸賺的是辛苦錢，您常常為了多賺一點錢，爭取輪值大夜班。我拿著您用勞力換來的學費上學念書，在跟同學玩樂時，毫無愧疚感。等到留級時，我突然良心發現，深深覺得有愧於您，印象中您聽到留級的消息後嘆了一口氣，之後抽了幾口菸，躺在客廳的地板上，像是在思考什麼。

客廳的地板是您的床，您總是躺在地板上睡覺，客廳的窗簾旁邊有一張捲起來的草蓆跟枕頭，每當您要睡覺時，就把草蓆鋪在地板上，草蓆就是您的床。從小我經常跟您吵鬧，為何哥哥們有自己的房間，我沒有？我卻從來沒想過，您這輩子都沒有屬於自己的房間跟像樣的床。

您在七十九歲時生了一場大病，終於願意讓我幫您買張床，睡在彈簧床上，好好休養身體。

事實上，您去世後銀行戶頭裡面還有不少存款，您這輩子勤儉度日，您最虧待的是自己！大家都說您生病時，我對您的照顧很多，外界認為我是來報恩的孩子。相較於您養育孩子的一切，我的付出根本微不足道，我依舊是是來跟您討債的孩子，真是抱歉啊！

在我高中留級時，您很愁苦，四處打聽了，是否有能讓我不用留級的後門可以去拜託。我很難想像您當時是如何拉下老臉告訴朋友們，自己的女兒念書念到留級，這真是不光彩啊！

當時您跟我說：「轉學到某間私立學校，就可以直接念高三，不用留級。」那間私立高中收費昂貴，我拒絕了您的好意，倒不是因為捨不得讓您花錢，而是我不想離開已經很熟悉的同學。這是多麼幼稚的理由，但對十幾歲的我來說，同學和朋友比什麼都重要。

我如此重情重義，卻敵不過現實。在我留級之後，中午吃飯時間跑去原本的班級找同學吃午餐。

飯後的午睡時間一到，風紀股長站在講台上大聲說：「大米，你不是我們班的，你回自己的班上去。」當下我很錯愕，原來我已經不是這個班上的人，昔日的同學已經變成學姊，跟我漸行漸遠。

我為了想跟她們常常見面、保持友誼，所以不轉學，是不是太傻、太天真了？但年輕時誰沒有傻過？十幾歲的年紀就是在乎朋友勝過父母啊。

好不容易念到高三，毫無疑問地，以我的程度絕對應屆考不上大學，報名重考班是預料之內的事。我也不是沒在念書，但不知道怎麼回事，成績總是離考上大學的分數很遠。

我跟您要了四萬多塊去補習班報名重考，有感到愧疚嗎？有，但不多。因為哥哥也有重考，此例一開，我從此覺得重考是上大學必經之路，似是而非的認為，「沒有重考怎可能上大學呢？」當我重考又落榜之後，您不知道是哪裡打聽來的消息，想將我送到中國大陸念中醫，您對於中醫師的前途十分看好。

我對於這個建議感到存疑。古靈精怪的我，騎著腳踏車去察看每家中藥行，看看老闆停放在店門口的汽車品牌，統計下來雙B居多，這點讓我對於中醫這個職業未來的前途安心了不少。然後，我又依據報紙的分類廣告，打電話給刊登徵求中醫師廣告的診所，調查薪水行情，用沉穩的語氣打探：「你們是不是有缺中醫師？我剛從大陸念中醫回來，我還沒考上中醫證照，這樣可以嗎？」

電話那頭聽起來像是老闆娘的人說：「可以啊，沒問題。哎呀，你還這麼年輕，真好。你可以找爸媽一起來聊聊，我們會培訓你面對病患的技巧。」

老闆娘的熱情讓我鬆了一口氣，我接著詢問自己最關心的問題：「薪資的部分，是怎樣計算？」

中醫診所老闆娘說：「底薪七萬，看診抽成另外計算。」

我聽到七萬這個數字簡直喜出望外，七萬好多喔，我突然非常有意願去大陸念中醫。

我明查暗訪的事情，您應該都不知道。您只訝異向來叛逆的女兒突然回心轉意，願意去大陸念書。後續入學通知下來了，但家裡沒有人有空陪我去大陸一趟，而我自己也不敢獨自前往，事情就這樣卡住了。

有時想想，如果當年勇敢一點，獨自前往，我後來的人生也應該不一樣了吧。

曾經有幾年，我在職場上不太順遂，我總會有點後悔當年沒有前往大陸念書，直到後來我終於踏上職涯的坦途，才不再緬懷過去。人在得意與失意時的想法完全不同啊。

最終，我沒有去大陸念中醫，得去補習重考大學，您又給了我幾萬元補習費。第二次重考，我終於有了愧疚的感覺，但成績似乎怎樣補，也補不起來。大學聯考放榜後，我只考上私立大學，一學期光學費就將近五萬元，在台北租屋半年要三萬，加上雜費支出，每次一開學都會跟你拿走十萬，即使當時我們家的經濟環境在您勤奮工作下已經有所改善，但我每次向您開口要錢還是備感壓力。

上了台北念大學，剛開始頗不適應，台北寒冷的氣候讓我一再感冒；巷弄裡處處都有單行道，我對此感到不可思議，也常常誤闖單行道。

有次被警察開了罰單，罰單寄回家後，您不僅沒生氣還幫我繳納了，只笑笑地說了一句：「台北就是這樣啦，我們出外人剛開始都會不習慣。」

當時您沒有責備我，讓我很意外。好多您替我做的事情與付出，最近才慢慢在我腦海中浮現且愈來愈清晰，像是縮在角落不曾被打燈照亮的配角，在黑暗中緩步移動，終於來到舞台中央，得到我的注意。遺憾的是，此時您已經不在人世了。

您生病這段期間，我花在您身上的醫藥費、看護費大約一百萬，您供給我念大學的費用也大約一百萬，我只還了您這部分的付出，其他養育之恩，我已經沒辦法償還給您了，養兒育女終究是一門虧本生意啊。

天下沒有完美的父母

親愛的爸爸：

我很早就察覺到，您是一個重男輕女的人。但我也曾在年幼時，感受過您給予我的父愛。

那時我年紀很小，還沒察覺到資源分配不公平的問題，毫無感覺到手足間的競爭與偏袒。我從小就口才伶俐，在我四到六歲這段期間，您總愛帶著年幼的我一起去吃喜宴，向朋友炫耀您有一個媲美鸚鵡跟九官鳥般的女兒。

備受寵愛的時光，真實存在過，只是很短暫。在我上小學之後，跟您索求補習費未果時，我就明白，自己在家中資源分配的排序，是敬陪末座。

爸爸，您非常不善言詞，個性沉默寡言，我不知道你是否曾經因為口才不好，導致這輩子在職場上沒辦法升遷。你不曾對我吐露過心事，您也從不抱怨，像一頭賣力耕田的牛，在太陽的日曬下，腳踏著熱土，賣力認命的工作。

我一直不知道，母親也是重男輕女的人。母親非常疼愛孩子，她用了滿滿的愛去養大三個孩子跟孫子，我約略知道她最偏愛哪個孩子，卻從不曾覺得她不疼愛我。

母親太愛小孩了，「太」代表「過多」，過多就是個問題。她總是想幫孩子扛起人生，愛之適足以害之。

我第一次覺察到媽媽的重男輕女來得很晚，因為媽媽這輩子手上沒有什麼資源可以分配，因此無法察覺天秤的傾斜。

那年，我擔憂您跟媽媽愈來愈年邁，有天會無力攀爬上公寓四樓的住家。我賣掉名下的小套房當作你們買新房子的頭期款，尋覓多時，看上一間滿意的房子，再找您一起去看。

您一看就喜歡，我立刻跟房仲下斡旋金。那天出門要跟屋主談價，您對我說：「如果你負擔得起，就把那間房子買下來。」可見您真的很喜歡。

斡旋過程中，雙方一度因價格談不攏而卡關，此時我想到您對這間房子的喜愛，再加價三十萬，終於成交。

陪我去談價的朋友說：「你不是說不加價了嗎？怎麼又加三十萬？」

我表情尷尬地說：「如果沒買成，我爸爸會失望，就加價了。」

房子交屋時，您跟媽媽都好開心。踏入房子後，媽媽以女主人的姿態開始分配房間，「這間我住，這間給你大哥住，最大間的套房就給大孫住。」

媽媽明快俐落分配完房間，我瞬間呆掉，半晌才吐出一句：「媽，那我住哪一間？沒有我的房間嗎？我住哪？」

這房子是我買的，沒有我的房間？

人跟人之間最遙遠距離，是你覺得詫異的事情，對方覺得合情合理。

媽媽完全不覺得這樣的分配哪裡有問題。

她提出解釋跟解決之道：「你又不常回家，你從台北回來時跟我住同一間就好。」

我接受了這個安排。我確實還在北漂，這個家長期都是大哥、姪子跟你們一起住，一起過日子。你們兩老需要他們，雖然這房子是我買的，但我已經沒跟你們一起生活二十幾年了，我的身分比較像是逢年過節回來的客人。客人在一個家裡面，本來就不會有房間，不是嗎？

我再次察覺到母親的重男輕女，是在您首度面臨病危時。

當時我接到家裡來電，告知您病重無法起身，卻不願意去就醫，「爸爸應該不行了，你快回家。」

我還沒踏入家門，就在家人來電中知曉，您自覺無法久活人世了，要把一百萬先給大哥。母親對此感到非常憤怒，覺得您都沒有考慮到她日後怎樣過日子，沒有留錢給她，以及其他兒子。

對，母親介意的是，沒有給其他兒子。那我呢？

爸爸，當時您躺在和式的木地板上。

您此生多數都睡在地板上。過去在舊家時，您的床是一張草蓆，晚上要睡覺時才攤放在地板上。這就是您的床，您不以為苦。

這可能跟你過去在建築工地當工人有關，工人在工地午睡都是如此。另外，家裡的房間太少，永遠不夠，也是主因。

您虛弱地躺著，已經無法起身上廁所。雙手發抖，腳上的皮膚呈現黑色。

媽媽在房間不斷哀怨咒罵著：「跟了你一輩子，你要死了，都沒有留一點錢給我。跟你這種人一輩子無效啦，只會疼大兒子，其他兒子都不是你的孩子嗎？你要死就去死一死，你真的很無情，要死就快死，不要拖累兒孫後代啦。」

此刻您已經病危，媽媽的言語的如刀，一刀一刀的落下，您沉默著。

我走進房間，跟媽媽說：「媽，爸爸都快死了，不要說這些了。」

「為什麼不要說？你爸這麼無情，他都沒想過我跟他一輩子，他死了之後，我要怎樣過日子？一塊錢都不留給我，只會把錢給大兒子。那其他兒子呢？不是他的小孩嗎？」母親用非常憤恨的語氣說著委屈。

我要母親不要再說了，因為爸爸都聽得到。但我猜那就是母親期待的，讓您聽到她的不滿。

「媽，你不要再說了啦，爸爸還沒死，不要先討論財產。你只擔心兒子們沒有分到錢，那我呢?!」我希望媽媽可以冷靜一點，降低一點音量。

我錯了！提油救火，只得到更多的不堪與心寒。

「不用分給你啦，你自己會賺！」母親氣到全身發抖，雙手敲打著床邊，「你爸要死，就快點死一死啦！」

我被母親這句「不用分給你啦，你自己會賺！」，震撼得久久不能言語。母親怪爸爸心中只有大兒子，那母親心中有我嗎？我給了她這麼多年的孝親費。當我收入變多後，每年都給她大紅包，最終落得這個下場。多令人傷心啊！多麼不公平！

愛裡，從來沒有公平。

母親的重男輕女是隱藏版，一直都存在。之所以看不出來，是因為她手上沒有資源可以分配，等到擁有資源時，就現出原形。

我愈來愈了解母親有多傳統，兒子、孫子是天，是將來要依靠的對象；女兒不論有沒有出嫁，都是潑出去的水。養育女兒長大當然有感情，但深受傳統觀念束縛的她，永遠都認為，不論女兒付出多少，都比不上兒子重要。

我第三次感受到母親的重男輕女，是在您過世後。

您走得太突然，沒有分配遺產。辦完您的喪禮後，重頭戲就是分遺產。

我總是會從別人的口中聽到一些耳語：「你媽媽跟鄰居說，女生都沒有在分的。」

「你媽媽說，分財產給你，你會拿去捐給弱勢機構，所以不要分給你太多。」

耳語的版本一直在改變，不知道是因為鄰居對母親勸說奏效，還是母親自己轉變，最終我聽到的版本是，「應該要分給女兒，都她在照顧爸爸。」

我沒有放棄遺產，該我的就是我的。

我拿到遺產後把部分金錢送給母親，把房產持份送給大哥，讓您買的老家可以登記在大哥的名下。這一切都是因為我知道，爸爸一定希望起家厝是大哥繼承。

讓您安心離開，是我最大的期盼。

爸爸，您離開後，我跟母親也重新修補了關係，原諒了母親無心的惡言，我之所以能釋懷；不是因為我多寬大，而是母親過去真的很疼我。功過相抵，瑕不掩瑜。

身為母親，要養大一個孩子有太多不容易，所以我願意繼續愛我的母親，因為她曾經多麼疼愛我。

天下沒有完美的父母，而我也不是完美的子女。

養育之恩，情緣一場，彼此互相體諒，一輩子也就過去了，無憾了。

生命中最榮光的一天

親愛的爸爸：

我們鮮少聊天，直到您病倒了，我才跟您有更多相處的時間。

您在醫院一度病況逐漸好轉，當時不論是蜂窩性組織炎、雙腳的灰指甲都好了很多，只有脊椎的問題還沒找出病因，導致無法起身。身體無法自主，讓您心理上很脆弱，哭著說：「我死了以後，你把我的骨灰帶回嘉義鄉下埋葬。」

我第一次看到您哭，很不捨。拿了衛生紙給您擦眼淚，「爸爸，你不會死，你每天會愈來愈好。你又不是得到絕症，你要再活十年沒問題。」

我安慰著您，也努力想轉移話題。

「爸，我本來要去土耳其跟義大利都不去了，我會在家照顧你。這個優格你多吃兩口，對身體很好。」當時您很擔心，我會丟下您出國去玩，我取消了原定的旅遊計畫，讓您安心。

您點點頭，吃了一大口優格，說：「我去過土耳其，那邊也有賣優格。」

我很驚訝您去過土耳其，我對您真的太不了解了。

為了讓您多說一些話，我拿出新聞採訪的專業本領，「爸，你幾歲從嘉義來高雄？」

「二十五歲。」您低著頭回想著。我很難想像，您在二十五歲就已經結婚，有了三個小孩。為了賺錢養家，一個人從嘉義來高雄找工作，從此生活的重擔沒有離開過您的肩膀。

我接著問，到高雄後做什麼工作？

「做工，扛磚頭，後來中鋼招考就去報名。」您只有國小畢業，能考上中鋼，我覺得很神奇。

我繼續提問，「爸，你好厲害！你只有國小畢業，怎麼考上的？」

您說，當時很多工作的待遇比中鋼好很多，大家都不去考，所以您就考上了。

照顧您的看護阿娟個性開朗，她搶著回答：「不用念書？有些人不用念書也好厲害耶，伯伯你就是這樣啊！」

我問阿娟：「你在大陸念過書嗎？」

「我大字不認識一個，我家都是女生，最後才生了一個小弟。我爸重男輕女，只讓我小弟去念書。我十二歲才去上學，上了三個學期。有天我爸要我過去數糖葫蘆，我從一數到十二，他接著要我寫自己的名字，我寫了。我爸立刻說：『好了，你學夠了，不用去念書了，明天開始去工作。』從此我就沒念書了。我好傷心啊，那一幕印象好深刻。」

阿娟提起這事情，聲音特別大聲。她已經六十幾歲了，離童年好遠了。兒時因為家人重男輕女受的傷，還隱隱作痛著。

我看著低頭抽菸的您，此時，在病床邊照顧您的兩個女生，都是在重男輕女的環境中帶著傷痛長大，不知道您聽到阿娟這樣說時，心中有何感想。

照顧您的時候，我常常看著客廳上寫著「良父楷模」的匾額。

我記得您領模範父親獎項那天，笑得好開心。這個獎項是您再三催促我去幫您申請參選的，我一度以為您是說著玩的，向來無欲無求的您，怎會突然有這個念頭？原來是獨力養大小孩的姑姑得到模範母親後，鼓勵您也去參選模範父親。

爸爸，您一定不知道，當我看到網站上繁瑣的申請資格，一度很想放棄。申請人需要準備自傳、子女得書寫一篇〈我的父親〉、提供家庭生活照、當事人特殊事蹟獎項、良民證等。

因為您識字不多，我得幫您代筆自傳，還得寫一篇「子女談父親」。我不知要如何申請良民證，也不知要找哪個單位來推舉您，我很想打退堂鼓。

需要準備的文件太繁瑣，我打了電話給您，再度確認心意：

「爸，你真的要選模範父親？」

「我要選，你幫我報名，我要選。」

掛了電話，我開始執行名為「競選模範父親」的超級任務。

角逐模範父親的過程，主辦單位會到社區訪視了解參選者的為人與風評，也會到家裡訪查。我特別跟公司請假，陪您一起接受訪談，深怕不善言詞的您會搞砸一切。

訪查人員詢問您很多問題，我都搶著代答。訪查人員忍不住說：「黃小姐，你讓爸爸自己回答好嗎？」

競選過程中，我聽到一些親友勸退的聲音，「你的姑姑住在嘉義，競爭模範母親的人比較少，才比較容易獲獎。」「你們報名的是高雄市，厲害的父親很多，應該選不上。」

最終，您選上了。

你超級開心，要求全家都得出席頒獎典禮。

頒獎典禮有個自費項目是頒獎後的聚餐活動。得獎的人可以免費到飯店用餐，家屬若要參加，一桌得自費八千元。我以為勤儉的您會說：「我們不用花這種錢，不用參加。」

我錯了。

向來勤儉的您，喜孜孜地說：「我們訂一桌，錢我來出，我請客。」

您居然要請客耶！真是太難得了。可見您真的很開心。

頒獎典禮是在父親節前一天，您穿著潔白的襯衫出席，看起來很帥。您在座位上看著投影布幕上出現自己的照片與簡介，樂開懷。

念到您的名字時，您走上台去領獎，從主辦單位手中接過上面用粗體字寫著「良父楷模」的大匾額。我幫您拍了很多照片。這些照片後來還真派上用場了，在您過世後，我們用來當遺照，因為那天您照相時的表情又得意又害羞，身上還掛著模範父親的紅布條，非常榮耀、喜氣。

吃完桌菜，我騎著摩托車去房仲公司拿新家的鑰匙。我特別選在這一天交屋，雙喜臨門，好上加好。

這間房子是要給您跟媽媽住，前屋主是一個媽媽，她為了幫女兒跟女婿買新房，賣掉自己住的老屋。當她聽到我是買房子給爸媽住，瞪了女兒跟女婿一眼，「你們看看，人家買房子給爸媽住，我是賣房子籌錢給兒女買房子。」

我面帶微笑，內心的聲音是：「阿姨，你跟我是一樣的，我們都是為了所愛的親人而付出。愛的展現就是有能力的一方，會想幫助另外一方。錢財的流動也是愛的流動。」

我拿到房子鑰匙後，帶著剛領完獎的您跟媽媽來到新家。您很開心地看著房子的外觀，滿意地說：「這厝真水、真好看，好像別墅一樣。」

那年的父親節，您成為模範父親，也有了新房子。

那一天對您來說應該是很難忘的一天，您一輩子努力工作養家，小心翼翼地過日子，從沒得過什麼獎，也沒升官發財，終於在七十幾歲時，有一個獎項肯定了您這輩子當工人養大孩子的付出。

親愛的爸爸，您過世後，「良父楷模」的匾額還高掛在客廳，我每次抬頭看到就會想起您，想起您那天深感榮耀又快樂的神情。

如果有一天，我要寫下此生最重要的幾件事，栽培您選上模範父親，一定是最大的成就。

我很想跟您說：「爸，你女兒對你真的很夠意思。」

PART 3

你不孤單：給照顧者的話

事事難料，改變是唯一不變的定律

「大米好，我是一個三十多歲的潛水粉，從小爸爸對待我重男輕女，對相差七歲的弟弟特別偏心，經過歲月的淬鍊，已經成熟地理解和接受爸爸就是如此。因為弟弟獨立能力差，姊姊跟我必須扛起照顧爸爸的責任，但爸爸從小偏心對待，我沒辦法很樂意地盡心地照顧他，頂多基本照顧，所以真的很好奇，你到底是怎麼越過情緒障礙，接受爸爸從小這樣對你，還願意這樣照顧他呢？你心裡是怎麼想的？因為我心裡很掙扎，很期待收到你充滿智慧的答覆。」

經常看我粉專的粉絲都知道，我爸爸嚴重的重男輕女，我媽媽也是。媽媽手上沒有資源，因此比較感受不出來，等到她可以做資源分配時，其實也是一樣的。

對於他們那個時代的人來說，重男輕女天經地義，文化制約讓他們不覺得自己哪邊不對。一如我這一代的人在選擇結婚對象時普遍認為：「男生年紀要比女生大」、「財力要比女生多」，這也是一種文化上的制約。如果我們自己都很難改變，也就能夠理解，為何父母不論兒子多不成材，到死都還是偏愛兒子。即便兒子不學無術、四處闖禍，只要一息尚存，會呼吸就是一百分。

我從來沒想過，有一天會承擔照顧生病爸爸的責任。我從小跟媽媽比較親近，過去我心裡上認為照顧媽媽是我的責任，照顧爸爸則是哥哥們的責任。也因此爸爸幾年前小中風以及生病時，都是哥哥們一肩扛起來，哥哥們出力，我只負責出錢，有錢出錢有力出力。

在我爸一度病危時，哥哥通知我回家見最後一面。當時全家亂糟糟的，紛紛指責爸爸為何不去就醫。我看著手腳顫抖、大小便已無法自理的他被全家指責，心生不忍，決定就算爸爸會死也要保有尊嚴到最後一刻，我制止家人咒罵爸爸，請了看護照料他。當時我渾然不知，這個照顧的重擔已經悄悄挪移到我的肩膀上。

我心中只有一個念頭：「努力救救看，倘若不成，也要讓爸爸平靜、安詳的離開。」

因為爸爸不願意就醫，想要死在家中，我只好採取食補，用盡所有保健品、補品，能補就補。當時適逢過年，我手上沒有既定的工作，才能全力以赴照顧他。後續在老天的幫忙下，爸爸的身體情況愈來愈好，我很有成就感，也就更不忍心放手了。

如果你問我，為何能放下過去父親重男輕女的心結，全力照料他？我必須老實說，我沒有這麼偉大。我只是人道救援者，看到垂垂將死的父親，心生不忍，盡力搶救而已。

人生很多事情都是萬般想不到的，我從沒想過有天自己要負責照顧生病的父親，更沒有想過會因為照顧父親，跟母親有了爭執。這個意外料之外的情況，表面上看起來是個挑戰，卻也開啟與父母更深度瞭解與和解的康莊大道。

人生中許多因緣際會，都是從來沒想過的。此刻你怎麼想，跟你未來會怎樣做，我認為完全沒有關係。

你可以繼續抱持著對年邁的父親只做基本照顧的想法。因為對你來說，那也是一個情緒的平衡與出口。

坦白說，如果我不是黃大米，從事的不是網路工作，我還真不知道是否能放下一切，長時間照顧。我只能說爸爸命好，選在我剛好有錢有閒得以照料家人的時候生病。

我爸在家地位崇高，非常有威嚴，他只要大聲說一句話，全家人都會害怕到發抖，也因此我鮮少跟爸爸說話。

我內心知道爸爸養家很辛苦，他為了多賺一點錢，在中鋼任職時，總是搶著去做大夜班。假日時，他會去工地扛磚頭或幫人洗水塔，早些年還會清晨一早去掃水溝，一切的兼差都只為了多賺一點錢。他對工作的認真態度，給了我很好的身教。也因為知道他養家的不容易，我對他的情感比較像是敬畏。平日相處時，我們之間的互動就是：「爸，我回來了。」「爸，我要回台北了！」

我曾經認為這輩子跟爸爸的相處就是這樣了。直到親自照料他之後，我們的關係變得親近。我在病床邊陪他聊年輕時從嘉義來高雄找工作的過程；在他病況不佳時，聽他哭著說不想拖累孩子，想去安養中心，要我幫他安葬在故鄉嘉義。

爸爸生病期間，是我們父女這輩子講最多話的時刻。在他逐漸恢復健康時，我推著輪椅帶他去公園散步，碰到了許多他的朋友。聽他訴說這些老朋友的人生故事，我突然了解，平常在家沉默寡言的爸爸，過去去公園下象棋時，跟朋友之間的相處可能是談笑風生。

我爸爸生長在漁村，保留了舊時代的觀念，曾經要我在小學畢業後去工廠工作，不讓我念國中。我忿而離家做為抗爭，才得以繼續升學。

每次提起這件事，我都會忍不住流淚，怪罪爸爸，也心疼自己的遭遇。

如今，再回想起這段往事，我已經釋懷了。在照料爸爸的過程中，我彷彿回到了童年時負氣出走的那天，那段記憶因為爸爸當年有更深的理解而療癒了、封存了，不再卡在我心中，不再成為一道傷口；也不再如鬼魅般糾纏著我，安安然然地回到從前，成為過去式了。

我真的長大了！

以上是我的心路歷程，不知道看到這裡的你是否能從中得到收穫，而命運會給你打出什麼樣的牌，更不是任何人能預言的。

我很確定的是，照顧我爸的身體後，也治癒了我童年受創的心靈。

面對父母一夕老去，你做好準備了嗎？

有位網友來信問我：「我是個四十出頭的北漂上班族，父母剛剛領到敬老卡，雖然現在還很健康，但我知道父母老去是一夕之間的事，因為工作，人離他們很遠，因為有房貸，也不可能辭掉台北的工作，我現在可以先準備什麼？」

首先，我們來算一下父母生病時的開銷，我爸生病五個月時，醫藥費由於有全民健保的幫忙，花費尚可支付，真的很感謝台灣有健保福利。這段期間最大的支出是看護費，有多貴呢？二十四小時的看護一天三千元。要命的是，我爸生病的時候剛好在過年期間，一天變成六千，真是超棒的新年快樂禮物。過年期間五天就燒掉三萬，我有擔當的肩膀突然軟了一下，心臟也停了兩拍後才回魂。

二十四小時的看護費一天三千，一個月要九萬，前前後後，我花掉的看護費多少呢？我來按一下計算機，大概四十一萬，我每次付帳時倒吸了好幾口氣，按ATM時手還忍不住抖了一下。

若你也遇到同樣的難題，首先，平常就要去查詢哪邊有口碑不錯的看護中心，讓你的爸媽突然病倒、病危時，可以立刻打電話去尋找幫手來救援你。手足如何支付看護費，建議你平常就可以跟兄弟姊妹討論怎樣分攤。在爸媽病倒時的照料方式，是花錢買自由，還是親力親為？如果是親力親為又是怎樣的輪班？很多醜話在平日就要討論，才不會在父母病倒時彼此指責。

接著，請你記得一個電話號碼「1966」，長照專線真的是小資上班族的天使，喘息的服務一小時只要幾百元。

以我家的情況來說，我爸出院後需要復健，居家復健一小時一千五，但透過政府的長照補助，一小時只要自費兩百多元，真的是大大減壓。

北漂族的你努力上班時，碰到很無聊很煩的會議，建議印出「如何申請巴氏量表」帶進會議室看。這樣不僅可以紓解開會的無聊，又可以賺到薪水，何樂而不為？巴氏量表超級重要，有了它才能申請外籍看護，讓一個月的看護費用從九萬多元變成兩萬多元。

提到巴氏量表，就不得不提如何聘請外籍看護，在我聘請外籍看護的過程中，因為沒經驗加上急需，因此更容易被當冤大頭騙錢。

有些仲介會說：「我先去你家，看看長者的情況，需要怎樣的外籍看護工。」聽起來很合情合理，但事實上那天仲介來到我家只是花了很多心力，要我馬上簽約付錢。我簽約付了一部分的錢後，他就不再積極理睬我了。

我以切身經驗提醒大家，找外籍看護時不要急著簽約付錢，等看到適合的看護再來簽約就好。我還碰到另外一個情況，就是巧立名目多收費。當時我在某個臉書社團中看到有仲介ＰＯ文「外籍看護釋出，可立刻承接」。等到我要承接時，仲介才說要額外收「買工費」兩萬多元，多收「買工費」的情況我碰到不止一次，甚至還有一位看護工要來我家之前，先跟我借錢支付旅館費。

建議你，平常多收集優質外籍仲介的名單，了解合理的收費有哪些，才不會當了冤大頭。在此也跟你分享，有個粉絲跟我一樣急需找外籍看護，他逐一打電話給不同仲介，詢問有沒有可以立刻承接的看護工，果然順利找到，我覺得這方法很不錯，提供給你參考。

分享我踩錯腳步的小故事，希望大家遇到家裡長者生病時，不要犯下跟我一樣的錯誤。知識就是力量，如果你平常多了解長照相關的知識，就可以找到更多政府的資源來運用，也就能夠省錢。

所謂「預防勝於治療」，當父母親對平常的小病痛哀哀叫時，你就要特別留意。讓我爸差點病危的，居然是香港腳！因為腳上有小傷口，感染後引起蜂窩性組織炎。

最省錢的治療永遠是預防性的治療，建議大家平時多了解父母身上是否有小病痛，立刻採取積極治療，才不會小病變大病。要知道星星之火可以燎原，它可能會燒掉你的金銀財寶。

我第一次出書，碰到我媽媽生病住院，當時就意識到，如果我能把書賣好，日後就能回高雄好好照顧家人。這也是我每次出書都願意勤跑通告，跑到快往生的動力。唯有積極行銷自己，增加多元收入，才能替自己在職場贖身。

對我來說，寫稿是賺錢的重要管道。建議大家不妨想想自己能斜槓做些什麼，可以讓你增加收入，甚至有朝一日成為你的救生圈喔！

愈是想當個符合期待的好人，往往被折磨到愈不是人

「我是四十出頭、結婚十幾年了的職業婦女，之前一直跟公婆還有老公的姊姊住。這一年我非常強烈想要有自己的空間，因此在同一條巷子找了房子租下，但公公很保守，很不希望我們搬出去，目前處於被冷暴力中，也無法溝通，要怎麼能不被情緒勒索，要怎麼不要有罪惡感？」

網友的來信，我回覆：「你已經租下房子了，如同水潑出去難收回，就算此時說：『我不租了，要搬回去住』，公公還是會對你有所怨言，不會改口稱讚你好棒棒！日後每次提起這件事情，就會說他這個媳婦當初多忤逆，是他的發怒，才讓媳婦一家人搬回來的。」

看清楚沒？這句話裡面，公公不會提到你多顧全大局，只會強調他多懂得控制你。試問，你想要被控制多久呢？都已經退讓了，仍然無法讓對方滿意，還不如不要退讓，一刀兩斷，痛快地當個「早黑早享受」的逆媳。

基本上，你雖然發訊息提問，其實只是在演內心糾葛的戲，你已經沒打算搬回去了。因為你提出的問題是「如何減輕罪惡感」，而不是如何化干戈為玉帛。

罪惡感這種事情，不會卡住人心太久，只要時間夠久，就不會有罪惡感了。慢慢地，你會發現，搬出來的日子真是愉快；過去一家六口擠在公寓的日子，好辛苦。你也會察覺，只要沒看到公公，心中就不會有罪惡感；只要不看到公公，就不會感受到公公的冷暴力。

所以，最重要的事情與需要解決的課題是「如何不要常常看到公公」、「如何不要常跟公公碰面」。所以，請把每次不小心在巷子裡面遇到公公的時間記錄下來，了解公公的生活作息，從此避開這些時段進出巷子，就可以讓身心靈得到自由。

不相見就不懷念，公公討厭看到你，就不要讓他看到，這也是一種孝心。

基本上，我們對於乖乖牌的孩子，都會要求比較多；愈要求愈得寸進尺，不斷測試對方的底限，想要知道對方到底可以有多乖。相反地，我們對於很叛逆的孩子，則會降低自己的期待，最後可能降低到，只要這個孩子身體健康，不會進出警察局就好。同理可證，如果你繼續當一個願意同住一個屋簷下忍氣吞聲的孝媳，婆家就會認為「忍氣吞聲」是你的日常與貞節牌坊，更敢對你提出各種要求，繼續要你為了這個家犧牲，你又何必要這樣含辛茹苦呢？

好好對待自己，身心舒坦的活著，才是最重要的事情。就算不替自己著想，也要替小孩想。母親的身教對小孩的影響力很深遠，一個處處委曲求全的媽媽，會讓小孩以為活著就是要委曲求全。你會希望自己的孩子將來也這樣擅長忍耐，在乎別人的情緒，勝過自己的感受嗎？

讓委屈求全的個性，就停留在這一刻吧！讓孩子看到媽媽懂得爭取自己幸福生活的態度。一個快樂的媽媽才有辦法教育出快樂的孩子。

你能夠跟公婆住在一起十年，你已經非常了不起了。

擺脫被人擺布跟控制最好的方法，就是讓對方知道他控制不了你，讓他逐漸習得無助，就不想再控制你了。公公第一次感覺到無法控制你，情緒一定會比較澎湃，多來幾次，就會習慣了，也就會逐漸不想管你，因為管也管不動。他為了顧及身為長輩的尊嚴，就會表現出是他懶得管你，你很不受教，忿而放生你。因此，你不是要努力去尋求和解，而是要努力讓公公放生你，不再干預你。

那些在職場上能跟公司共體時艱，在家裡能顧全大局的好媳婦、好媽媽、好女兒，常常讓我替她們感到惋惜。**因為所有的「好」，往往包含著隱藏自己的情緒**。收斂內心的欲望，放棄真實的自我，讓自己的感覺與想法畫為虛線，把別人的期待畫為實線，最後成為大家口中的好人，卻無法成為一個自我實現的人，未免太不值得了。

很多個性乖巧與人人稱讚的好人，都是擅長討好別人，卻對自己不好的人。因為我們的文化比較強調的是家庭、社會，而不是個人主義。**這個社會期待我們當個好人，卻因此把我們折磨到不是人**。

我從小就很叛逆，我的哥哥們從小就很乖，所以得到爸媽很多偏愛，無形之中也受到很多控制。而叛逆的我，在小時候因叛逆不聽話被痛扁過幾次，後來爸媽就不太管我了。因為他們知道管不動，所以我就自由了。

乖孩子會得到動章，壞孩子會得到自己的人生；這無關對錯，只是選擇。自由這件事從來不是從天上掉下來，而是革命出來的，若你已經踏上革命之路的第一步，恭喜你！只要繼續走下去就可以。未來你會感到後悔，後悔自己的叛逆期來得這麼晚，早黑早享受，晚黑受折磨，黑到極致、黑到發亮，就會成為典範了。

跟長輩溝通的心法之一，就是秉持「沉默是金」原則

「大米你好，我在你身上看到當年的自己。我的媽媽生病，情緒特別不穩定，我帶她出去吃飯，餐點上來了，她鬧脾氣說：『我不要吃。』我常常因此覺得無奈。更痛苦的是，媽媽一直抱怨爸爸，任何大小事都要聽一遍，都不曉得媽媽是希望我居中協調，還是幫他們辦離婚？實在好痛苦。」

懼怕死亡是人生，人在生病時特別脆弱，也特別害怕做出錯誤的選擇，讓自己一命嗚呼。

有些生病的老人家非常害怕看醫師，生怕自己老命不保。他們不僅「貪生怕死」，也想要得到更多關注，用鬧鬧脾氣，期盼得到更多關心與在乎。他們像是個

年幼的孩子，希望透過耍任性看到子女對他們無限包容的愛。

我爸爸生病時不太願意就醫，每次都要拜託很久，有次，明明他的身體狀況能搭計程車去回診，他卻一臉哀傷，哭喪無助地說：「搭計程車很晃，坐不住，身體會痛。你幫我叫救護車，我要搭救護車。」

我非常錯愕，但退一步想，「至少他肯去回診，這樣就好了。」

支持我的信念是「眼前的事情，有一萬種方法可能會讓情況變得更糟糕。好險，目前發生的事情我還能夠處理；好險，沒有更糟糕的事情發生」。透過這樣的轉念，我撐過一次又一次面對爸爸反覆無常的情緒。

我爸也發生過跟粉絲媽媽類似的情況。有次他在病房中，叫我去買餐點，買回來後又不吃，還發脾氣質問：「為什麼要買這麼多？浪費錢！」

跟生病的父母吵架是很笨的事情，就算嘴上贏了，老人家氣壞身體，倒楣的還是負責照顧責任的子女。所以為了讓自己好過日子，我都會吞下脾氣，笑笑地說：「好！你不要吃，就不要吃，沒關係。」

是否聘請看護這事情也是反反覆覆折騰，爸媽一下說很需要，一下又要我辭退人家。等到真的辭退了之後，爸媽又說沒辦法生活自理，要我再去找一個看護來幫忙。

請問，這時候我該質問與怪罪爸媽的反覆？還是快點找到新的看護，以解決眼前的燃眉之急呢？答案當然是後者。

不要花時間追究問題，要花時間在解決問題。

當父母的反覆無常，讓你感到不開心時，就要設法讓情緒性的戰局暫時止住，先好好結束這一回合，才是最高明的應對。俗話說「一個銅板敲不響」，吵架需要兩個人，當有一方在鬧脾氣時，不回話、不回應，速速逃離戰場是最好的策略，讓對方想鬧也鬧不起來才是明智之舉。

而如開頭網友私訊說的，她的媽媽常常不斷抱怨爸爸，讓她搞不清楚媽媽是希望自己居中協調，還是要協助他們辦離婚？我覺得兩者都不是。媽媽只是想要找個人說說話而已。

女人是情緒性動物，多數時候只是希望有人傾聽，而不是得到問題的實際解決方案。此時如果你傻傻地去積極幫忙解決問題，最後會錯愕地發現，不論正反策略都不是媽媽要的，因為她根本沒有想要解決事情，她只是想要抱怨跟討拍。

當長輩開始抱怨時，你要懂得開啟精神漫遊或者飛航模式，她說她的，你就像個稻草人一樣在旁邊聽，光是這樣就夠了。

照顧父親半年之後，我經歷了不斷踩雷、拆彈、鬆口氣的過程，因而學會面對父母的三大相處之道：

一、不要把父母情緒性的話當一回事。

作家張曼娟老師曾經在某次專訪提到：當她要出國時，生病的爸爸哀嘆「我就是老了、不中用了，拖累了別人」。最後她決定按照原訂計畫出國，抵達釜山後，打電話問外籍看護爸爸的情況，得到的答案是，「爺爺吃得很多，心情很好。」

老人家生病時常常情緒性的發言，自己說過就忘了，因此我們也就別當真，認真就輸了。

二、不要跟父母說太多自己的事，被認同的機率很低，被念的機率極大。

由於世代差距，父母不會理解我們的世界，我們也不會理解父母內心的恐懼與小心翼翼。因此，當你做出任何決定時，不要去尋求父母的認同，因為他們難以理解，還會擔心失敗的後果。

所以，我們不是想隱瞞父母，而是不想被碎念。

過去我要買房子時，只要詢問爸媽的意見，那間房子一定買不下去，因為他們會覺得價格太貴了，我被騙了。但我爸媽這輩子只有在民國七十幾年買過一間房子，他們怎麼可能懂現在的房價？如果買房子要尋求爸媽的認同，我一定買不下手任何一間房子。很多時候先斬後奏，或者不讓父母知道，讓他們無憂無慮的活著，才是孝順。

三、不要回嘴，沉默離開現場就好。因為回嘴會被念更久。

當你跟父母意見不合時，千萬不要回嘴。因為父母沒有要聽你解釋與說明，他們是長輩，吃過的鹽巴比你吃過的米還多，哪有長輩聽晚輩的道理？記住，跟長輩溝通的心法之一，就是「沉默是金」、「多說話會出事」。他們說他們的，你做你的，陽奉陰違，皆大歡喜。

佛說：「凡所有相，皆是虛妄。」讓爸媽活在快樂的虛妄與假象中，總比劍拔弩張、華山論劍好。對父母來說，所謂的孝，就是順；只要在表面上順著他們，日子就會好過很多。

掌握以上三點訣竅，幫助你面對父母反覆情勒時保持內心波瀾不驚，輕舟度過萬重山。

當長輩說「我快死了」，就當作是問候語

有位粉絲私訊向我求助：

「我的媽媽八十幾歲了，生病後她每天都喊著她要死了。我不懂為什麼過去明理得體的長輩，突然變成灰格格（台語，形容不可理喻），長輩都是故意來亂的嗎？我該怎麼辦？」

親愛的粉絲，你不孤單，長輩生病後每天喊「我快死了」，這種日子大概可以長達十年。也就是說，你媽媽可能天天喊死，不小心就從八十幾歲長命到百歲，到時候記得買個大壽桃給她祝賀。

長輩的三大慣用絕招就是：

第一、　罵子女不孝。

第二、　說自己歹命。

第三、　碎念自己快死了，沒救了，或憤怒地說：「我乾脆去死一死。」

我爸爸臥病在床時曾經一度病重，他大半夜含著眼淚說：「我不會活了！我知道啦，我這次會死，不會好了。我生病只是拖磨大家，我活不到過年。」「我如果死了，把我運回嘉義老家埋葬。」

看到爸爸邊擦眼淚邊說，我內心一陣酸，強顏歡笑地說：「爸爸，你不會死，你會好起來。」

突然之間，我家客廳氣氛變得很哀戚，夜晚也更深、更沉了，好像明天真的就該去買副棺材似的。而頻頻預告無法活到過年的爸爸，不僅活過了春節，還撐到了元宵。之後他改口說自己活不到清明，後續又改口說活不到端午。就這樣，一天又一天宣告死訊，無法久活於人世的他，轉眼活到了中秋節。

而我也從陪著爸爸哀傷，逐漸學會對他說：「你都沒死，又活過了一個節日耶。」我想讓他知道自己的預感不準。即便如此，還是無法打消他天天宣布死訊的決心。但他後來學聰明了，不再以節日來劃分死期，改為大聲嘆氣說：「我快要死了。」簡單俐落又明瞭的口號，卻再也無法影響我的情緒，因為我有了抗體。

親愛的粉絲，你媽媽每天訴說自己要死了，你也就機械性地回著：「不會不會，你不會死。」大家有來有往，一問一答，把這戲碼演過去就好。認真你就輸了，認真你就累了。

請好好保留自己的精氣神，畢竟照顧長輩是持久戰，不可一次用力過多、過猛。

關於長輩生病愛說自己快死了，知名心理師林萃芬分析原因有兩個：

第一、對死亡與未知的恐懼與焦慮。因為內心恐懼所以充滿壓力，用宣告死訊來紓壓。

第二、討愛與討拍。希望大家把握時間多跟他相處，對他好一點。

總之，當你家長輩生病時一再說自己快死了，不要驚慌，這只是正常的壓力與能量釋放。你只要負責安慰他，讓他覺得自己被愛、被照顧，不會被遺棄就好。

我爸日日宣告死訊，萬事都可以牽扯到快死了。

我去買魚給他吃，他會說：「你不要買那麼貴的魚給我吃，我快死了，不用吃這麼好。」

我回道：「你現在還可以吃就吃好一點，不然以後燒金紙給你，不是更浪費錢嗎？金紙你又吃不到。」

他只是嘴上愛喊死，內心其實很想活。他去醫院抽血做檢查時，都會很生氣，「抽這麼多血，我會被抽死啦，我光抽血就抽死了。」

有位粉絲說他的爸爸常常嘴上叨念快死了，碰到打針時，檢驗師的針頭還沒刺進「皮膚」，他老爸整張臉就像包子的皺摺一樣，五官全擠在一起。

這些老人家其實真的很「惜皮」、「惜命」。

有次，我爸遇到一位講話比較直接的醫師，當面說他如果不住院就快死了。爸爸聽完後很哀傷，沮喪了兩天後，他改口說：「我不相信這個醫生，這個醫生不會看病啦，我比較相信之前那個醫生。」

總之，跟他想法一致，認為他會死的醫師就是庸醫。每次都鼓勵他會活很久的醫師，就是良醫。由此看來，老人家真的很想活下去，求生意志很高，也很愛討拍。

照顧長輩的過程心理壓力很大，因為他們常常今天好好的，明天又突然哪邊有狀況，甚至是查不出原因的狀況。讓我每天的情緒起伏很大，宛如海浪般波濤洶湧。

因此，照顧長輩要記得保持聽力不好、記憶力差。他們說什麼，聽聽就算了。若是事事當真，你會很快往生，到時候來不及交代後事的可能不是你媽媽，而是你。

扶老大作戰，我們只能盡力，不要給自己太大壓力。雖然這不容易做到，也要抱持著同樣的心態。生死有命，只要我們能讓老人家開心過一天，就已經做到一百分了。萬一有天長輩真的過世了，彼此沒有遺憾，雙方都解脫了，也是好事一樁。

盡力而為，其他的就交給老天爺吧。

長輩每天哀哀叫快要死了，你要當作只是在問候「早安」、「你好」。他哀哀叫，是告訴你，他還能呼吸，你要聽懂他的意思。

套句聖嚴法師說的：面對它、接受它、處理它、放下它。請保持體力，明天繼續努力。

指令明確，拿捏界線，就是最好的距離

有位朋友問我：「大米，我家想要請看護，你有沒有什麼相處訣竅可以分享？」

在我爸生病這段期間，我家前前後後請過四個看護。爸爸一開始生病臥床時，因為還沒申請到「巴氏量表」，所以先請台籍看護。全天班二十四小時的費用，一天約三千元左右。我爸跟多數老人家一樣非常抗拒請看護，這種心情其實是可以理解的。如果角色對換，你會希望身邊有一個人，每天二十四小時盯著你嗎？

如果父母抗拒請看護，要抱持著同理心去理解他們的心情，而不是生悶氣，覺得「我都肯花錢請看護照料你們了，為何你們還不知好歹的拒絕？」

由於我爸當時身體太虛弱，他只能迫於無奈接受看護的照料。在這段過程中，爸爸需要不斷去適應新的生活方式，譬如由女看護拿著尿壺讓他尿尿；在床上大號後，讓女看護幫他擦屁股等等。

身體無法自理，讓爸爸必須放下許多自尊，任何人遇到這種情況都需要花時間去適應。漸漸地，他適應了有看護在身邊的日子，甚至一度對她產生極大的依賴。

聘請台籍看護的費用一個月九萬，多數的家庭都負擔不起，因此都會申請巴氏量表，改聘外籍看護。聘請外籍看護確實可以省下不少花費，但是一個新的挑戰。此話怎講？因為這就像是在家裡聘請一位來自國外的員工，她是家裡的新成員，需要接受在職訓練才能上手。

在此分享一些我踩雷後領悟出來的經驗：

第一、你家不是我家——語言文化大不同

每個家庭的生活方式都不一樣，外籍看護剛到你家上班時也需要重新了解。譬如我爸爸習慣早上五點就要吃早餐，晚上七點入睡；我媽媽則很堅持用過的碗盤要用熱水洗，桌上放過東西就要擦乾淨。這些細細瑣瑣的規矩，都需要花點心思教導外籍看護。

我家的外籍看護來自印尼，因為宗教的關係，不吃豬肉。我家早餐吃稀飯，她也不吃稀飯。她說在印尼，稀飯是家裡有人過世才吃的。飲食習慣的差異性是需要雙方一起去克服的。聘請外籍看護，彼此都有一段磨合期要適應。

第二、有聽沒有懂——確認細節預防走鐘

在照顧的過程中，看護跟雇主說：「好、沒問題、懂啦！」是真的懂嗎？真的會操作嗎？那可不一定。猶如我們上班時會跟老闆統統都說好，但可能後來都做不到，道理是一樣的。唯一不同的是，我們可能是「不想做」，外籍看護可能是因為語言的隔閡，聽不懂裝懂。

分享我家發生的狀況讓你明白。

我家的外籍看護個性謹慎、做事很認真，因此每當我拿著爸爸的藥袋跟她解說用藥方式，她都會點頭說：「聽懂了。」我也就放心了。

後來，我發現她大腦認定所有的藥品都是一天吃三次，因此只要碰到藥品只需一天吃兩次，她就會混亂搞錯，等我發現有異狀時，已經是好幾天以後的事。總之，用藥方式務必跟外籍看護多說幾次，看著她實際操作幾次，才能確定是聽懂了，還是有聽沒有懂。

我之前很納悶，為何爸爸治療皮膚病的藥膏消耗得這麼快？驚訝地發現我家看護會一次塗抹完一整條藥膏。

我嚇到去詢問藥師，藥師說：「你們的用量太多。」這也讓我學習到，原來有些藥膏藥效很強，只能薄薄的塗，擦太厚會有副作用。

朋友聽了我的情況後，建議我上網查印尼文，印在藥膏或者藥袋上，讓外籍看護更明白我的意思。或者請看護用印尼文寫在藥罐上，加深印象。

再分享一個小故事。

我爸爸裝了新的假牙後，牙齦上產生小破洞，醫師說：「牙齦上有傷口，所以在每次吃完飯後，先把假牙拿下來，讓牙齦好好休息。」我轉身交代看護，她點點頭說：「聽懂了。」

執行的第一天是正確的，第二天是正確的，但是到了第三天就走樣了。她讓我爸爸假牙持續戴著，只有睡覺時才拔下來。雖然無大礙，但由小見大，聘顧看護後得不定時查看才能避免不慎失控的情況發生。

第三、不要借錢——守住不借錢的底線，給予支持

有次我家的看護遠在印尼的爸爸生病，她一臉哭喪。我詢問後感到很不忍心，她順勢開口跟我借一萬五，讓我陷入了天人交戰，不知道該不該借這筆錢。

我打電話詢問仲介，仲介建議最好不要借錢，一來怕養成習慣，造成日後只

要生活遇到困難就跟雇主開口借錢，二來怕借的錢有去無回。於是我狠下心來拒絕借錢給她，也訝異她來台灣九年，為何沒存款。在我感到納悶時，她自己想到籌錢的方法——她請我陪她去銀樓，賣掉手上的項鍊跟金戒子，換得四萬多元，順利解決了問題。

跟外籍看護的相處要畫清楚界線，仲介根據多年的經驗建議我：倘若你覺得無法提供外籍看護更多幫助，聽完他們訴苦後就不要多說什麼，給予陪伴即可。如果涉入太多，最後情況可能變得複雜。

如何提供外籍看護清楚的指令與拿捏界線，是許多第一次聘請外籍看護者感到困擾的事情。

請大家要記得一件事情，外國的月亮沒有比較圓，別人家的看護也不見得比較好。想找到能做事又會說台語，能跟阿公阿嬤聊天又有護理能力的外籍看護，可能打著LED燈都不容易找到。因此，看護能讓你有七成到八成的滿意度就已經是很棒的事情了，切勿過於高標，才能讓自己與外籍看護相處愈來愈好，讓外籍看護成為得力的助手。

長照這條路，是長跑，不是百米衝刺

「大米，我正在照顧生病的媽媽，她常常不想吃東西，不想去醫院看病，脾氣也變得很暴躁。她的各種拒絕與不要，讓我很挫折，請問老人家為什麼生病後會這樣？我該怎麼做呢？」

看到這則私訊，讓我忍不住想吟唱改編自黃小琥的歌〈沒那麼簡單〉，「孝順沒有那麼容易，每個人有她的脾氣，過了愛作夢的年紀，轟轟烈烈不如平靜。」

孝順真的沒有那麼容易，爸爸媽媽年紀大又碰上生病，很容易有脾氣、鬧情緒，這些痛苦我都經歷過。最後我得到一項結論：配合度很高的老病人，可能比日本製的壓縮機還稀少。多數長輩都很有個性，常常「抵死不從」，一如我們青春期時也是很有主見、很叛逆。

媽媽生病時不愛吃東西，你怕她缺少營養，身體沒有抵抗力，病情會加重，我懂你的焦慮。但是，請你回想一下，我們自己生病的時候，是不是也很容易胃口不好、活動力減弱，只想躺在床上休息？我們放假日時，也可能一天只吃兩餐，所以不需要期待生病的父母一日三餐。爸媽生病時食量減少很正常，至於營養補充請交給專業醫護人員，適時打營養針應該就沒問題。

我爸爸住院期間，胃口非常不好，每天的三餐大部分都送給了垃圾桶。我後來改為一天只給他吃兩餐，等他真的想吃東西時再給他吃，減少他的壓力，也避免自己沮喪。

放棄什麼，才可能成就出什麼：懂得放低標準，才能減少挫折感。

在照顧父親的這段日子，我常常想起聽過趨勢大師詹宏志的某場演講，大意是：「過去我在媒體工作時，面臨重大新聞事件，龐大的資訊湧入，由於截稿時間就在眼前，多數來說，我不是完成了什麼，而是在時間的壓力下，放棄什麼。」

「放棄什麼，才可能成就出什麼」，這個道理非常適合用在照顧父母上。如果我們安排父母十件事情，長輩能配合一兩件，就要覺得很好了，其他未完成的八件事就算了吧，統統放水流，長輩只要願意配合一件事情就要覺得是賺到，才不會讓自己因為被拒絕氣到七竅生煙。

為人子女懂得放低標準，就能減少挫折感。如果以容器來譬喻，年輕人像是一個水缸，可以放入很多新事物，注入新的活水。但年老者比較像是一個水壺，能容納的水量變得很有限，因此只要他們願意接受你安排的一件事情，就要覺得感恩。用時間去等待事情有所轉圜，像是長輩要不要開刀？要選擇怎樣的醫療？都需要一點時間去沉澱。

除了懂得降低標準外，更要懂得「等待」。什麼意思呢？就是等待他聽得進去你的話，等待他接受你的建議，等待他自己願意。萬萬不要心急，心急只會造成彼此關係惡化與家中頻頻上演衝突的戲碼。

有位擔任護理師的朋友，她爸爸在過年前檢查出大腸癌零期，醫師說：「過年後來開刀吧」，她爸爸抵死不從，嚷嚷著說：「我八十幾歲了，我活夠了，我不要開刀。」

朋友帥氣地跟爸爸說：「好，那就回家吧。」

朋友認為，爸爸可以決定自己的生命與怎樣過日子，「他想受苦就受苦，想要活我們就幫他想辦法，我跟哥哥都拒絕被爸爸情緒勒索。」

過了幾天，朋友的爸爸自己跑去醫院回診，主動打電話來跟孩子們說：「我願意去開刀了。」

朋友接著說：「老人家會說一些情緒性的話，想要討拍、引起關注。你如果理他，老人家就更會鬧。他們滿嘴死死死，好像很勇敢，其實都很怕死。等到他們自己想清楚了，就會乖乖去醫院了。」

我聽完後恍然大悟，原來照顧長輩可以這樣做。像是突然頓悟一般，心情輕鬆了不少。

我爸爸曾經一度腎臟相關指數偏低、發炎指數過高，醫師要他立刻住院，否則會有生命危險。

爸爸覺得醫師亂說，堅持不住院，我也只能帶他回家。三天後，他突然要我們帶他去住院，配合度超高。

照顧老人時，就是把該說的醫療、飲食作息方式等都說完後，就等他自己做決定。你可能會意外發現，老人家不是不接受，而是他需要一點時間去接受，等時間到了、想清楚了，就會願意去做了。

人在面對重大決定時，都需要一點時間去思考、去消化。旁人因為事不關己，自然可以立刻做出決定。但對當事人來說，要不要開刀、要不要就醫、要不要接受生命裡的種種重大改變，往往都需要一點時間去沉澱。

我對於父親身體狀況感到很焦慮時，醫師朋友跟我說：「關於照顧長輩，你要記得一件事情：只要今天沒有變差，就是好消息，就是進步。你不能期待老人家像吃了仙丹一樣，進步神速，那是不可能的。」

欲速則不達，否則會讓自己身心俱疲。

當你感到疲憊時，可以出去按摩、洗頭、逛街、找朋友喝咖啡聊是非，轉移一下注意力，讓自己喘口氣。也許你會發現，有些事情不做也不會怎樣，放長輩一馬，也放自己一馬，才能持續奮戰下去。

長照這條路，不是百米衝刺，而是長跑。你要記得配速，才能跑得好、跑得久。

孝順就像做分組報告，一定會有搭便車的人

有位粉絲說她的爸爸生病了，都是自己在照顧。令她感到忿忿不平的是，弟弟都不去病房顧爸爸，卻跑去跟女友約會、陪女友家人出遊，讓她很生氣，問我該怎麼辦才好呢？

不知道你有沒有做過分組報告，在分組報告中一定有人是主力製作，有人負責上台報告，有人什麼都沒付出，只跟大家一起掛名共享成果。不知道當時你是怎樣處理這樣不公平的事情呢？你也許從此不跟這位毫無貢獻度的人同組？也許因為其他因素選擇包容。可能是他考試時會讓你抄，也可能是他常常請你吃飯，滿足了你的胃，也收服了你的不滿。總之，當你察覺勞務不均時，把人換掉是一個選擇，卻不一定會去實行。

在家庭裡每個孩子都是獨立的個體，隨著年紀增長，各自有了不同的發展，也可能逐漸生疏，每年共處的時間只剩下過年過節。

各自放飛的風箏，線頭握在共同父母的手上。等到父母年邁生病時，他們用體弱的身軀召喚遠方的孩子回來照料，此時這些平時各自獨立的孩子，像是拿到了一份老天爺指定的分組報告，作業主題是「照顧生病父母」。

比較理想的分工情況是有錢出錢，有力出力，大家各盡一份心。但多數來說都會勞務不均，如何處理，是考驗人性的部分。

你很盡責的照顧病房中的爸爸，這是你認知的孝順。但每個孩子對於如何回報父母，標準不一。有人覺得每天陪伴在側是孝順，有人覺得陪伴回診是孝順，有人覺得偶爾帶份水果前來關心就很棒了。

除了標準不同，每個人身處的情況也不同。有人有家累，需要照顧其他親人，對於原生家庭就會分身乏術。

他們不是不願意，而是無能為力。

粉絲不解弟弟為何不來照顧生病的爸爸，忙著陪女友約會、陪女友家人出遊？對提問的粉絲而言，這太不可思議了。

「你認為陪伴生病的爸爸比陪女友玩耍重要，但對弟弟來說，女友才是他的生活重心，此時的他在乎愛情勝過親情。」

每個人對於感情的排序不同，就算是同一個人，在不同時期重視的東西也不同。對一位年幼的孩子來說，世界上最重要的人是媽媽，每天最重要的事情是玩跟吃；對一位青少年來說，世界上最重要的人是朋友，每天最重要的事情是上網；對一位有事業心的中年人來說，世界上最要重要的人是主管，每天最重要的事情是賺錢跟討好主管。

所以，希望別人重視我們重視的事情，多數時候是會失望落空的。

即使是手足，粉絲弟弟在成長過程中對於爸爸的愛恨情仇，可能跟她的感覺有很大的不同。或許從小爸爸對他特別冷淡，導致他此時不願意付出太多心力來照顧。也可能是爸爸特別偏愛他，他已經習慣爸爸對他的付出，而不是主動向爸爸付出。

在成長過程中，每個孩子眼中看到的父母是不一樣的面貌。這很像在職場中，主管對某個屬下處處開特例給福利，對其他屬下則鐵面無私一般。即便是同一個主管，每個屬下看到的臉色不同，對主管的觀感也就不同。

人跟人之間的關係，很像是在土壤埋下一粒神祕的種子，不知道後來會開出怎樣的花，結出怎樣的果實。

這份「照顧生病父母」的分組報告，何時可以完成，答案就是在父母往生之後。這份作業書寫的時間可以是幾天、幾個月，也可能是十幾年。

我問過許多主要照顧者，對於照顧父母這條路的想法，多數都是不後悔的。為何走了這麼辛苦的路，卻不後悔呢？除了感恩父母過去的照料外，也是讓自己有機會透過照顧父母過程中，跟父母和解。他們從一個新的角度去看待過去的不愉快，發現父母也有自己的難處與力有未逮。

人一出生就跟父母結緣，每個孩子跟父母結緣的時間不一，當緣分散去後，這個人就再也不會出現在眼前，只剩下回憶。管理學上常說「以終為始」，如果你知道生命的終點就在不遠處，到時感到遺憾的部分是自己做得不夠好，陪伴的時間不夠長，絕對不是弟弟沒有分擔照顧爸爸的責任。

你可能還會埋怨自己，為何要浪費時間在抱怨其他親人身上，沒有好好珍惜、全心全意感受父母尚可呼吸的分分秒秒。

這世界上除了每個人一天都有二十四小時的時間外，沒有任何事情是公平的。我們的出生背景不公平、外貌條件不公平、內在才華不公平、職場不公平、壽命不公平⋯⋯這些不公平的事情不勝枚舉，因此你要了解，不公平是人生的常態。

有句話說：「改變自己是神，試圖改變別人是神經病。」從這句話就能夠明瞭，試圖改變別人有多難。因此不要期待家人會改變想法跟做法，不期不待沒有傷害，做好自己想做的事。跟自己說：「你不是因為社會壓力而孝順、願意照顧父母，是因為你想照顧父母，這是你目前最想做的事情，就沒什麼好抱怨了，能做自己想做的事情都是幸福的。」

我爸爸過世了，現在就算用再多的錢，也沒辦法讓我再多照顧他一天。我當時覺得很累，現在多希望還能擁有那麼一刻相處的時光，但已經不可能了。

長照的路就是歡喜做、甘願受，有天你回頭一看，一切如夢幻泡影，唯一留存在心中的是無怨尤。

*本章內容取自OKAPI〈人間頻道〉專欄

PART 4

人生苦短，活出你想要的樣子

事情的好與壞，取決於你的認知心態

某次朋友要帶兒子出國旅行，這趟旅程全程住在五星飯店，我眼睛一亮，喊了「＋1」，就出發了。

到了當地，我才發現這是一個暑期親子旅行團，所有團員都是帶幼小孩子出來度假，行程包含水上遊樂園、動物園、3D攝影館等等，我對遊樂園不感興趣，買了個冰淇淋坐在餐廳休息。

晚上跟在台灣的好友通電話，我對她說：「這次旅遊入住的五星飯店很讚，可以看到海景，光是飯店住宿就很超值。即便這趟旅程中有很多遊樂園，有很多小孩在我身邊跑來跑去，我也覺得OK。」

我繼續說著：「我很佩服這些帶孩子來玩的爸爸媽媽，因為對大人來說，這些景點都太無聊、幼稚了，爸媽們捨棄去其他地方玩，來參加親子團，完全就是為了孩子啊！」

朋友不以為然地說：「帶孩子去的爸爸媽媽一定不會覺得無聊，因為他們光是看到小孩開心，他們就會很開心。他們的重點不是景點而是可以跟小孩一起共度時光創造回憶，所以他們不會覺得無聊喔，就如同你很愛你的貓，你花很多時間跟貓咪講話，陪牠們玩，你也不會覺得無聊啊。」

所以景點無聊不無聊、好不好玩，都不是絕對的。

在職場上，也是如此。同事之間的關係也不是絕對的。

如果有位同事跟你交情很好，你們很聊得來，常常彼此分享生活中的點點滴滴，也常常互相幫忙。可是這位同事有個缺點，她總是遲到，常常請假，偶爾忘記打卡，也會請你幫忙打卡。

當有天你升上了主管，需要管理她，她經常遲到、請假，導致人事部門頻頻追問你，造成管理上的困擾，你還會覺得這個同事很可愛嗎？

她還是她，你卻不再覺得她的言行可愛了，甚至還有點可惡，因為她讓你陷入管理與情感上的兩難。

她沒有變，但隨著你的位子改變，你們的關係也就改變了。她還是一個好人，但你可能就已經不再那麼喜歡她了。

好與壞，從來不是絕對。就連死亡跟衰老這兩件人類很不愛的事情，可能也是一件好事。

如果人類可以永遠活著，永遠健康，永遠不老，永遠精力充沛，感覺上好像是很棒的事情，但你在職場也就永遠沒辦法往上爬了，因為位高權重的前輩不會因為衰老而退休，他們永遠卡住高位，愈晚出生的人，前途愈無光，所有的好位子都已經被更老的人卡好卡滿了。所以即便是年老體衰，以不同的角度來看，也是有優點的。

職場上，每次有人升官，當事人都會收到許多祝賀的花束，歌舞昇平，氣氛和樂；但換個角度想，如果沒有人離開，沒有人被離職，怎可能會空出這個位子？這是一體兩面的事情，當有新人笑的時候，在遠方的角落一定有舊人正在哭泣。

我認識的一個知名主持人，當年是談話性節目的來賓。後來幾次當紅的主持人生病請假，他成為代打的主持人，表現都深獲觀眾好評，也就順理成章地被扶正，後來還開了一些自己的節目。

當紅主持人太忙，導致生病這件壞事，對他來說卻是一個機會跟恩典，所以人站在不同角度，看待同一件事情，就會有不同的想法。會因為身處的位子不同，影響看事情的角度。

就算是同一件事情發生在你的生命中，隨著時間過去，你對於事情也會有不同的詮釋跟想法。

我爸爸的重男輕女，讓我從小比較得不到資源，看起來是件壞事。但若不是這樣，讓我很早就明白此生都要倚靠自己，無法依賴家人，我可能也不會這麼努力。

我高中時留級，當時覺得萬念俱灰。但是，留級之後認識的同學們，在人生路上幫助我很多。長遠來看，我得感謝留級才能結交到這麼多好朋友。

在電視台工作時，我因為身體出狀況，離開了新聞部。當時覺得自己的職涯從此黯淡無光，沒想到轉換到企業工作後，開始了解數位媒體的運作，還開了粉絲團，打造出第二人生，讓事業更上層樓。

身邊的朋友也都有過類似的情況，好友曾經在職場上遭到資遣，當時她非常痛恨主管跟公司。她在沮喪之餘決定創業，多年後創業成功，她反倒感謝這個逆境，讓她在情勢所逼下全力以赴，開創全新的局面。

我們的能力多數都是在逆境跟壓力中磨鍊出來。所以，逆境跟痛苦是包裝後的祝福。

所有我們人生遭遇的事情，到底是好事還是壞事，不是取決於事情本身，而是你的認知。你如何處理這件事情，決定了這件事情在你生命中究竟是好事，還是壞事。

遇到爛事、破事，可以想想這件事情給你的收穫。就算找不到優點好處，也可以試著思考下次如何避凶趨吉，避免再踩坑。

遇到好事情時要低調小心，得意時態度謙虛，是替失意人的心情著想，也是在讓自己避開遭人忌妒的禍端，得以安然度日。

所有發生的事情，只要你的心境改變了，態度改變了，做法改變了，都可以變成一件好事。

思路就是你的出路。

只要你願意，你就可以決定自己的命運。

幸福不是擁有什麼，而是感受到什麼

我年輕時，期待自己這輩子能夠名利雙收。當時年輕到不知天高地厚，無知就有傻膽，不知山有虎，偏向虎山行。我入了虎穴僥倖得虎子，不是自己多有本事，多數是好運，以及命運的善待。

等我愈來愈接近名利場，認識愈來愈多名人之後，突然了解到，多數名人背後都有很多的不容易。家家有本難念的經，他們收入高，導致家有藝人，全家廢人；超人的旁邊必有爛人，為何會如此？因為親情是提款機的密碼，於心不忍就會撥款，疼愛家人就會轉帳。給錢時，所有家人都會感謝你的大恩大德，有朝一日不給時，前面的恩情也就一筆勾銷。

此時他們會心生怨懟，說你無情無義，雨天抽傘。而已經腐敗也習慣依賴的家人卻未曾思考過，自己得要承擔自己的人生。

在我聽到過許許多多名人的故事中，最傷人的一句話是，「錢是你自己要給的，又沒有人逼你。」

錢是你自己要給的。

錢是你自己要給的！

錢是你自己要給的？

世上哪有人會把幾百萬的錢隨意給別人呢？

主要原因還是愛。

為何不是借給親人，而是給呢？

一般聽到的情況都是，家人在面前頻頻哀嘆錢不夠，生活困難，或者資金不夠，所以無法開創事業，一展長才。

他們頻頻跟你「唉」，比頻頻跟你「借」，更令人無力招架。如果這位名人聽了心軟，主動拿出錢來幫忙，一開始會被所有親人讚許，等到有天想要收回這筆錢時，會被對方指責，錢是你主動給的，憑什麼要別人歸還。

家人買車、買房、小孩的教育經費、創業基金、欠債等等，統統找上這個日進斗金的名人，不幫忙解決就是無情無義，見死不救。面對家人巨大的情緒勒索，如果選擇幫忙，往往走入金錢無底洞的深淵。當有天感到心寒拒絕再伸出援手時，親情也就一夕之間破裂了。

給錢容易收錢難，斗米養恩，擔米養仇，就是這個道理。別人快要餓死時，你資助他一擔米，他會千恩萬謝，感激不盡。但你因此付出更多，給予一斗米時，他反而不會更感激你。他會覺得你是有錢人，可以給我更多米，竟然不給。你就成為他的仇人了。

當一個人已經習慣依賴你，你對他的好，就會變成理所當然。

名人的不容易，名人家裡的鬼故事，都是我踏入名利場後才能目睹到的真相。光鮮亮麗是台前的人生，舞台背後狗屁倒灶的瑣事才是真實人生。

需要因為這些爛事、破事而放棄功成名就的企圖心嗎？倒也不必因噎廢食。情願冠蓋京華看盡人世滄桑，也不要一事無成，受人憐憫。如果你能把這些跟家人的財務上剪不斷、理還亂的過程，當作是修行跟功課，學著劃下停損點，就能順利過關。

錢財是一輩子追逐不完的。錢財不是愈多愈好，財富來到一定的數字時，邊際效應會遞減。人的日常所需，就是一個棲身的住所、一日三餐、一張床，有錢沒錢的差別只是物質品牌等級，沒有那些名牌，也是可以過日的。

從汲汲營營到放緩腳步，需要高度的自我覺察。你有想過，一直拚下去，然後呢？你何時才要享受到手的財富與幸運？在生命終了時，買最好的棺材來躺嗎？

如果不放緩下來，給自己充裕的時間去享受生命，享受生活，所有金錢上的累積，也不過就是存款上的數字而已。數字愈多，留的遺產愈多，子孫容易因分家產起爭端，在爭端未落幕時，停棺把事情鬧大，屍骨難以安葬時有所聞。

我們一生汲汲營營，無非是為了過上舒服的生活，何時才是欲望的盡頭？需要一點智慧。

我何時開始覺得追逐金錢，可以了、夠了？是愈接近名人圈後，愈體會到「人外有人，天外有天」的道理。物質生活好還有更好，我們是辛苦拚搏賺取財富的第一代，別人可能是已經富了好幾代。你付出所有的努力，還是看不到別人的車尾燈。

所以就不努力了嗎？

也不是。

而是明白，手上的錢財已經足以過上還不錯的生活，就不要再力拚更上一層樓了。

一個人要活著容易，活得好不容易；活得比別人好，超級不容易。

回首過去，當我很努力地賺到一些錢，宛如生活品質從地下一樓爬上二樓；當視野拉高後，突然可以看到在四樓的人是怎樣過日子，於是從仰望、羨慕，轉為鞭策自己更努力工作，希望可以讓生活提升到四樓。

等到經過漫長的奮鬥爬上四樓後，你會看到八樓的人是怎樣過日子。倘若繼續努力爬，應該很有機會再爬上八樓，車子可以買更多，房子可以買更大，但要從四樓攀爬上八樓，需要花費更多時間去賺錢、去拚搏。

此時，周遭只有一個主流聲音催促著你，去更上一層樓吧。

「快點，快點，快來一起更上一層樓。你再努力一點，就有更多錢買更多東西了。」

魔音在背後催促著，但我決定脫隊走自己的路。

不了，我不想這麼努力攀爬財富階梯，住在四樓可以了。夠吃、夠用、夠玩，過日子沒有問題，這樣就好了。能夠精神飽滿地坐在四樓悠閒地看風景，吃客排骨飯、喝杯珍珠奶茶不用擔心錢，享受自己前半生努力而來的成果，對我來說，已經心滿意足了。

怪東怪西怪別人，是哀怨人生的標配

我的髮型設計師手藝精湛，她認真勤懇，靠著一技之長討生活。

她的姊姊非常熱衷買股票，投資總有賺有賠，賺的時候是股神，賠的時候就成了高利貸的客戶。有次，姊姊一時周轉不過來，開口跟妹妹借錢，妹妹想到自己有張到期的儲蓄型保單，可以領出一筆錢來幫姊姊。但她去到銀行時才發現，並不是她想的那麼一回事。

「當時業務員說得很好聽，這張保單可以儲蓄，還有很高的利息，我以為繳納完後就可以連本金帶利一起拿回來。結果根本不是這樣，繳完後還要存放在銀行一年，才能拿到所有的利息。我好生氣！為什麼當初業務員沒有說清楚？我繳了六年沒拿到半毛利息，解約時還付了二十五元手續費，早知道我就不買這張保單了。」

相信多數人的想法應該跟我的設計師一樣，怪業務員沒有提醒自己，陷阱之所在。

事情真的是這樣嗎？

我猜這項條款應該有清楚載明在保單上，只是她沒有仔細閱讀就簽字了。

我們多數人也是如此，簽約時沒有詳閱合約，就草率簽字，之後再來抱怨。

人生中類似的事情不勝枚舉，最該注意風險的人是誰？是賣保單的業務員，還是我們自己？當然是那個每個月定期繳款的自己啊。

我們都知道人生大多數的時候都是要「靠自己」，但出狀況時很容易怪罪別人。

怪別人有用嗎？沒用的。

每一個人生選擇，都會影響後來命運的發展。所有決定最終都是你同意；如果沒有你說好，誰都無法勉強你。是你，一切都是你。

因此每次你點頭同意時，你都要明白自己換到了什麼。你得到的不一定是物質，可能是一份感情，可能是尊重、美名，你絕非一無所得、一無所圖。

我聽過許多朋友到了中年不得志而埋怨父母。像是從小到大，不論是選擇職業或者結婚對象，都是父母安排，都不是按照自己的意願做決定。但他們忘了，自己當時同意的原因，是可以拿到父母給予的好處，可能是一部車子、一間房子，或是將來有機會得到更多遺產，因此才選擇當個聽話的孩子。

等到中年，人生不順遂時，他們忘了當初是為了什麼，才同意交出自己的人生。他只會埋怨，父母給了他一條錯的路，他只覺得自己的人生一敗塗地、懷才不遇，或者無法出人頭地，都是父母害的，是父母指引了一條錯誤的道路。但那條錯的路，也是他當時決定邁開腳步，才能往下走去。

我們從年少活到中年，有許多機會可以重新選擇自己要走的路。沒有換一條路走，且因為不想承擔離開的風險，才會一直在自認為錯的道路上前進，不敢改道而行。

一味怪罪別人的生活態度，才會讓你成為夢想的巨人，行動的侏儒。

就算心中再委屈、不甘願，也是你允許這一切發生的。

我很喜歡李奧貝納前執行長瑪格麗特所說的，「人生哪有那麼多身不由己？很多時候，都是你同意了交易，又想怪罪在別人頭上，才說自己身不由己。」

當你能察覺到，不論原因是什麼，都是當下你認為最划算的決定，只要牢記這一點，將來就不會怨天尤人。

是啊！人生哪來那麼多身不由己。如果你不張嘴，沒有人可以逼你喝下一口水。有些人得到了好處，又想要裝無辜，想要當個好人，把別人推上了公審台，四處訴說都是別人對你的「聲控」，導致此生白活一場，蹉跎虛度了寶貴的光陰。

年輕時你對於父母的安排言聽計從，或許是因為覺得，那是一條最輕鬆的道路。

當你能明白，人生中的所有選擇，不論是聽別人的、聽父母的、聽男女朋友的建議，最後點頭拍板定案的人都是你了。唯有看清楚局勢，勇於承擔，才可能扭轉局勢，贖回你的人生。

如果你口中所埋怨的事情，已經說了十幾、二十年，可以了；這些事情都過去了，頻頻回頭望，只是消耗自己的能量。當你不再自憐，不再哀嘆，努力往心中期待的目標前進，勇於冒險，就能創造新的可能。

當你不再埋怨別人左右你的人生，你的人生就有翻轉向上的可能。

人活在世上，都要自我尋找出路，每一步都充滿冒險，但也因為自己承擔起這些未知的茫然與痛苦，用自己的力量扛起自己的人生，一次一次的嘗試；在每次的屢戰屢敗中，一次一次的站起，找到勝利的契機。

自己打出來的天下，才會格外珍惜，也格外有自信，相信自己可以創造自己的人生，相信自己能活成自己想要的樣子。

因為沒有得到太多資源，開始懂得自己尋找資源。

身為父母的人，也要懂得讓孩子學會承擔自己的人生。孩子的人生不會一路平順，活著不可能毫髮無傷，該摔跤的時候就讓他摔，趁他還年輕、禁得起摔時，鼓勵他去嘗試。就算摔得鼻青臉腫、全身骨折，也會痊癒得比較快。

關於人生，你是可以有選擇權的。記住，你沒有這麼身不由己，你在點頭的時候，其實已經在無形之中默許了這場交易。

時間是沙漏，會留下真心相待的人

比起婚禮，葬禮教會我更多事情。

那年，攝影師好友阿恩在四十多歲過世，死因據說是熬夜剪輯影片。他的臉書PO文從此暫留在二〇二二年。

世事真難料，開年沒多久，阿恩抽到運勢大吉的籤詩，他為此開心不已。喜悅的情緒是真的，幾個月後的猝逝也是真的。你說，籤詩不準嗎？別追究了！曾經有那麼一刻，有一張籤紙，給予我們深深的祝福，而我們也感到歡喜，這樣就足夠了。

我參加過阿恩的婚禮，也出席了他的葬禮。婚禮場面熱鬧，賓客人數多到讓宴會大廳幾乎快擠不下。相較之下，參加葬禮的人少了許多。

阿恩的大主管缺席了葬禮，司儀喊了兩次，確定沒有到場後，繼續喊下一組人上前致意。

儀式還在進行，我卻莫名感傷，「工作這麼拚命幹麼呢？熬夜工作幹麼呢？主管連來上香送你最後一程都沒有。工作過度盡責會要人命。」

葬禮上，我感受到一個在職場上盡責的小螺絲釘，對於公司而言有多微不足道。

小門小戶人家的葬禮，最能看出誰把往生者放在心上，當無利可圖時，還願意撥出寶貴時間送最後一程的人，情真意切。

我在新聞部當主管時，有位屬下小瑜讓我印象十分深刻。當時資深記者涵姊因為氣喘過世，才三十出頭，人生就劃下了句點，令人錯愕也感到惋惜！

我去參加涵姊葬禮前，小瑜請我幫忙帶白包過去。小瑜當時的月薪大概三萬二，對比她的收入，白包的數字有點貴重。

我問她：「你確定要包這麼多嗎？」

小瑜點點頭，說：「嗯，對，涵姊過去幫我很多，我要包這個金額沒錯。」

我看著小瑜，覺得她是個傻人，也是好人。人都過世了，她沒辦法再幫你任何事情了，你還惦念著對方的好，我覺得小瑜真的是很重感情的人，印象分數因此拉高很多。

在完全無法回收利益的葬禮上，還願意對往生者多付出的人，不僅不會占你便宜，還會記得你曾經為他做過的點點滴滴。當你發現身邊有這樣的好人時，請保持聯絡，好好珍惜。

後來，小瑜離開了新聞圈，我不再是她的主管。但她對我還是有情有義，甚至在我想離開新聞圈轉換跑道時，還幫我遞送過履歷給某家公司，也讓我後半場人生發展截然不同。

在舅媽的喪禮上，也讓我感觸良多。我跟舅媽很親近，她從小對我很照顧，童年時寒暑假爸媽都忙於上班，我就會借住在舅媽家。在我剛出社會到台北工作，薪水僅有兩萬多元時，舅媽讓我免費借住在她家，給了我最大、最好的房間。大表哥看我把衣服都塞在紙箱裡，特別去買了大衣櫃給我用；小表哥在我念大學時還把自己的電視機送給我。他們對我的恩情，我一直牢記在心。

我總是記得那些在我最弱、一無所有時，幫助過我的人。

舅媽過世後，頭七跟出殯我都去參加了。真心在乎的人，你就會願意為她多做點什麼。

葬禮上，我看到舅媽的好朋友阿霞姊。過去舅媽還活著時，她常常騎摩托車載著舅媽去佛寺拜拜跟念經，直到舅媽年邁到無法坐機車才停止。阿霞姊如今七十多歲，舅媽頭七跟出殯那天，她都一早就到。

阿霞姊從祭拜一路陪伴到舅媽火化，等家屬領完骨灰，她還跟著搭車去靈骨塔，非常珍惜能陪伴舅媽最後一程。她跟舅媽沒有血緣關係，但我相信她跟舅媽的感情非常深厚。

在葬禮的跪拜中，我明白了一件事情：**血緣是老天爺給的，我們無法選擇；但人跟人之間共處的時間，是第二次的血緣。**是那些共度生命中難忘的記憶，連結了彼此的情感。如果兩個人之間只有血緣而沒有共處的時光，也只是長相相似的陌生人而已。

人類的情感靠的是大腦的認知，而不是血脈連結。

血緣只是起點，共處的時光與記憶才是重點。那些彼此真心相伴的時刻，是情感上最緊密的緣分。

每個葬禮上，那些特別前來送往生者最後一程的朋友，都是往生者自己選出來的親人。

送別之後，往生者的身影依舊活在他們的心中，不定時就會想起，不曾止息。

理財就是理人生，為你的人生做主

我不是一個很有數字概念的人，但也因為了解自己的個性，這些年反倒是存下了一些錢。

理財這件事情，除了跟個性有關，多數是來自後天的學習。我的主要照顧者，是我的母親，她不是一個會理財的人。她擅長的是人際關係，樂於幫助鄰居，加上深具同理心，一直都有好人緣。

我從小人緣就很好，應該是得自媽媽的身教。我對朋友非常海派，喜歡跟大家一起聚餐玩樂。隨和、愛熱鬧的我很難存到錢，因為我把感情看得太重了，只要大家開心，花錢這事情，就不會顧慮太多。

受到母親身教的影響，我的錢財都是左手進，右手出、財來財去，難以守住。看到想要的東西就會想立刻擁有。即便常常在買完東西後就失去熱度與興致，我卻沉迷於買下的那一刻，瞬間爆棚的滿足感與幸福感。

出社會工作後，我身處的媒體圈是一個十分看重表象的環境。環境是一個大染缸，許多女生剛入行時都挺純樸的，大概一年後，她們身上的名牌包跟華服愈來愈多，腳下踩著非常漂亮的鞋子，穿上這些華麗的衣物，才配得起進出高級的採訪地點。不論是名人的豪宅、國際企業總部、五星級飯店，每一個場合都需要外在的稱頭，才能安頓那顆不安與不夠自信的心。

菜鳥記者的薪水大概三萬多元，即便日後當上了主管，月薪大約七、八萬元，年薪百萬就是這行業中階主管的薪資天花板。

領著普通的收入，想要撐起人上人的生活，除非本身就有家底，不然多數是衣著體面的月光族。而我也是月光美少女的成員之一，當時月薪三萬多，手上的包包四萬多，每次出國採訪還要買個名牌小物來紀念這趟旅程。如何存錢？根本辦不到。

二、三十歲時青春正盛，怎可能愁煩老後無糧的生活，所謂的未雨綢繆，內心思索的不是老後的存糧，而是如何在下次領到薪水時，再刷一個名牌包。

人生的每一個決定，啟動的蝴蝶效應，往往深遠而無法預測。

二十九歲時，月薪三萬多的我，因為養著一隻狗，租屋不易，只能租到頂樓加蓋的房間。有次租約到期前，我開始四處找房子，當時剛好SARS過後，房市一片低迷。由於房市冷清到谷底，銀行甚至推出百分百房貸，貸款九成，還可加貸一成裝潢金，希望提升買氣。

年紀輕輕的我對房地產市場完全不懂，意外發現有間樓中樓的小套房，售價不到三百萬，換算下來，一坪只要十幾萬。我決定用壽險保單存下來的大約三十萬元當作自備款，買下人生中第一間房子。

我只看了一間就決定買下，原因只是為了給陪伴多年的老狗一個家。

當時每個月要繳納的房貸大概一萬多，占了薪水的一半。在龐大經濟壓力下，我所有的購物都不再衝動，採買日常用品精打細算。有次跟同學一起去逛百貨公司時，她看到漂亮的衣服，一件一件的買，我一件都沒有入手。

同學說：「你真的很忍得住耶，你以前不是這樣的。」

我說：「我當然忍得住，我要把錢留著繳房貸，錢花下去後，房貸會繳不出來啊。」

我安安分分地繳納著房貸，一領到薪水就先轉到房貸戶頭，剩下的才是生活花費。

就算沒有買那些漂亮的衣服、體面的包包，日子還是可以過下去。手頭比較拮据的日子大概熬了三年，你問我覺得苦嗎？不會。

因為名下有房子，讓我的內心有了踏實感。

當同事們都在花錢出國旅行時，我捨不得跟進。一趟出國的花費足夠繳納一期房貸，在預算有限下，出國玩跟繳房貸只能二選一，我選擇了後者。

此時我終於了解，雖然母親的身教，讓我養成衝動購物的性格。但父親敬業盡責的身教，讓我學會勇於承擔，這樣的個性會鞭策自己如期繳房貸，用買房的方式達到強迫儲蓄。

如果當年我沒有買房子，應該會是工作了一輩子，只累積了一櫃子漂亮的衣服跟鞋包，而沒有什麼存款的人。

至於我為什麼不選擇其他理財方式，譬如投資股票，主因是股票的漲跌會造成我的心情跟著起起落落，很難保持心情平靜。

好好工作，是我比較喜歡的賺錢方式。

每個人的理財觀不同，願意承擔的風險不同。不論選擇哪種理財方式，最重要的不是先看獲利，而是了解自己的個性。**如果有一種理財或者投資方式會讓你吃不下、睡不著，就代表這樣的方式不太適合你。**

理財就是理人生，當你口袋有錢，才能談獨立，也才能對自己的人生做主。

我對於「錢」一向是非常尊敬的。沒錢的時候，日子是風花雪月不起來的；沒錢的時候，生活更不可能充滿詩情畫意。

因此，不論你的薪水多少，記得把存錢這事情放在首位，存多、存少都是好事。

上班賺錢很重要，存錢更重要，因為唯有手上有錢，你的精神才會舒爽。

所有的愛，都隱藏著金錢的給予與精神上的討好；所有的不愛，都包含精神上的冷漠或者經濟制裁。

任何人給予你的愛，都可能回收，但只要你能夠經濟獨立，就擁有寵愛自己的本事，對於刻薄有說「不」的勇氣。

你的人生會面臨很多危急的時候，多數的情況都可以靠錢來解決難題。就算不能完全解決問題，也能靠金錢的力量讓選擇多一點，心情舒緩一點。

錢永遠可以陪伴你共享福，也能與你共患難。你必須認為錢很好，把錢當作好朋友。錢確實不一定能買到幸福，卻能在你最不幸時減輕痛苦。

看長不看短，追求財富自由

我身邊有很多擅長投資股票的名人，他們常常談論股票，但我完全不心動。

「一張股票都不買，奇蹟不會來。」這個文案寫得真好，好像只要你願意買一張股票，就有如拿到一張理財的彩券，輕輕鬆鬆刮出財富人生的密碼。真的是這樣嗎？這世上可能有這樣的幸運兒，但我不曾期待過發生在自己身上。

為何這樣篤定？這跟我的生命經驗有關。

多年前，親人把所有存款重壓在股票，沒想到碰上了股災，一夕之間，錢不見了，還扛了一大筆負債。為了還清鉅額的負債，家裡愁雲慘霧了很久。當時我還在念大學，靠著打工有些收入，我把原本打工的錢都用來吃喝玩樂；家裡有負債時，自然得幫忙一起還錢。大筆的金額我扛不起，小筆的兩萬、三萬元，我還能幫忙支付。究竟還了多少？數字不記得了，餘悸猶存的是當時害怕接到家裡電話，很怕被告知一個熱騰騰的債務炸彈又引爆了的心情。

很多年後，我們家才走出不斷還債的壓力和陰影。

當時，二十幾歲的我，未曾感受過股票翻漲財富的神力，已深切感受到股票讓人一夕負債的恐懼。巨大的負債讓全家互相責罵、不斷哀嘆，四處奔波籌錢。等到終於把欠的錢還完了，股票在我心中的分數也完了。

我嚇到了。

我不想再經歷那種接起家裡打來的電話，就暗自擔心要拿出幾萬元的不安與害怕。

所以，我不碰股票，不碰自己不懂的金融商品。

我不相信一夕致富的神話，只相信努力的價值。

即便後來當了記者，受訪者信誓旦旦說著股票明牌，我總會點頭如搗蒜，給足對方面子，卻從不曾買過。我不想把我辛苦賺來的錢，寄託在別人的一張嘴上，天知道他說的準不準。說準了固然很好，如果不準呢？我損失的錢，已無處可討回。

人生是自己的，理財也是。不論你相信誰的投資論點，最終都是你自己要扛起那個決定的後果與成果。

所有絆倒你的石頭，在未來都可能是一顆閃閃發光的鑽石，你如何看待它，將決定是一個坎，還是一道光。

好的股票老師帶你上天堂，壞的股票老師讓你住套房。我從不相信股票老師，就不會去天堂也不會住套房，沒有遇見飆股狂喜的機會，也就不會有投資錯誤捶胸頓足的沮喪。

我從沒想過快速致富。我知道世界上有運氣這種東西，但運氣不是我能決定的，那是老天爺的隨機抽樣。所以我不想把理財寄託在「運氣」，而是聚焦於「努力」上面。

運氣很像龜兔賽跑中的那隻兔子，輕輕鬆鬆就可以超越他人，遙遙領先。可惜我們永遠不知道這隻名為運氣的兔子何時會突然呼呼大睡，甚至永遠長睡不起。

人生不能期待奇蹟，只能努力拚轉機。努力比較像是一隻烏龜，慢慢的走著，慢慢的走著，即便不能遙遙領先，最終還是可以平安抵達。

工作收入宛如那隻慢吞吞踱步的烏龜，隨著薪資慢慢增加，積沙成塔，也能累積不錯的存摺數字。所以我很努力地工作，也很認真跳槽拚加薪。每個月的薪水的進帳，總能讓我的內心感到很滿足，很有成就感。

你喜歡聽到努力一輩子才翻身的故事，還是喜歡聽到鄰居中頭獎千萬的故事？

多數的人比較喜歡後者，因為比較有故事性、比較傳奇，也比較不用努力。

矛盾的是，我們也會認為錢財得來太容易，守財就不容易。也看到新聞報導中許多中頭獎的人，多年後都是一場空。

所以，一夕致富的傳奇拿來當故事，聽聽就好。腳踏實地賺錢的故事雖然無聊，卻可以讓人生平穩，不致於在大浪中翻滾，載浮載沉。

對於買房地產，我非常熱愛，理由有幾個：

第一、股票可能跌到下市成為壁紙，房子就算貶值，總有一個價值在。房子不會下市，這點讓我很安心。不管怎樣，都不會換來一場空。

第二、在我當記者時，採訪過的受訪者中，很多演藝人員都在成名之後日進斗金，趁著名氣正盛，開店或者創業，風風光光開幕，沒多久後又黯然收攤。不僅沒賺到錢，還賠了心神，鬧出了糾紛。他們本以為創業是演藝之路的退路，沒想到走著走著變成死路，成了財務的黑洞，將自己吸乾。

我看著明星們的創業，瞬間起高樓，瞬間樓塌了。如果他們不要創業，光靠走紅時所賺來的錢，就能安享晚年了，令我深感可惜。

創業失利的藝人故事不勝枚舉，相反地，投資房地產的藝人像是費玉清，不僅可以安然退休，也享受到房地產帶來財富的增值。

同樣都是布局後路，不同的選擇，有了截然不同的故事。

第三、漲跌幅牽動心情。

做股票投資大家都說要看長期，但你能夠做到滿手股票，不看盤、不問漲跌幅的淡定？想必很難。我們都是凡人，當手中有股票，心情就跟著股價連動了。

我那七十幾歲的爸爸，在住院期間，每天必定打開非凡電視台看盤。有天颱風來襲，股市沒有開盤，他像是少了生活重心，感到失落，覺得生活中少了一味。老人家尚且如此，年輕人想必更難決定。

對比一下，如果把錢拿來買房子，你會每天去看房子漲價了嗎？或者詢問仲介漲了多少嗎？應該不會吧！因為你知道房地產是看長期表現。

至於房子未來會漲或者會跌，我不是很在意，房子怎樣都不會跌到變成下市。我買房子是未雨綢繆，有天如果我老了，生病需要用錢，就可以把房子當提款機，不論賣掉或者抵押給銀行都能換到不少現金。

我看過很多理財書籍跟雜誌，最打動我的一個投資原則，非常簡單易懂，就是「一項投資值不值得做，不是用眼前的角度去思考，而是要站在孩子的角度去思考。如果一項投資在孩子長大後增值的機率很高，這項投資就值得去做。」

以上的準則，說穿了就是用時間來做衡量，評估值不值得去做。

如果你用十年後或者二十年後的角度去看投資商品，認為它未來增值的機率很高，現在就可以考慮布局。

在孤獨的職場星球中，找尋自己的新大陸

朋友的女兒非常有主見，常常不太聽父母的話，令她感到很頭大。我對她說了聲：「恭喜！」這不是諷刺，而是真心真意的道賀。

為什麼？

叛逆的孩子，多數來說是因為聽見自己心中的呼喊，聲音響徹心扉，讓她決定不聽長輩的話。

我最愛從事的職業是記者，爸爸一直都很反對，我們之間存在很大的價值觀落差。我認為的好，在他眼中來看是苦。

有次看電視新聞時，我想藉由評論新聞中的大人物，展示自己往來無白丁，獻寶似的訴說第一手的貼身觀察：「這位董事長非常凶，只要看到記者寫的報導不

滿意，就把記者叫去辦公室罵到半夜，超級囂張！」

我以為爸爸會有種聽見第一手八卦的興奮感，他低著頭許久，用若有所思的語氣說：「你何必做到這麼艱苦，做到這麼艱苦要死喔（台語）！」

他的話像是一桶冰水，澆熄了我想繼續說八卦的心情，我只好尷尬地假裝沒事，安靜地看電視新聞。

我對於好工作的定義是：「有趣、開眼界、接觸到名人、出入企業總部或者五星飯店、工作忙碌刺激、同事談吐有趣。」

我爸爸對於好工作的定義是：「工作穩定、正常上下班、定期調薪、可以做到退休、生活單純。」

在他的時代，能讓一家溫飽的工作就是好工作，要他理解為興趣而工作，根本不可能。他工作的目的就是賺錢養活孩子。

有次，他在醫院的病床上作夢，說出來的夢話是：「我的加班費，你有沒有給我？錢有沒有給我？」我聽到後覺得很心酸，也很佩服他扛起家計的辛勞，他成長於溫飽都很難滿足的時代，沒有人有閒情逸致談論到精神層面。

兩代之間所認知的「好」工作，存在著巨大的差異。

我的個性喜愛變動性高的生活，難以接受日復一日的工作，深怕日子宛如複製貼上一樣。我爸爸恰巧相反，他認為重複性質高的工作，就是愈做愈輕鬆，可以做到年邁。

我一生都渴求得到爸爸的認同，但也無法因追求他的認同而罔顧自己內心的聲音，由此可知，人的內在聲音有多頑強。

走熟悉的路很安全，連終點站的風景都可以預測。這樣的人生很穩定，卻不見得適合每一個人。

知名作家侯文詠從小就很喜歡寫作，後來考上醫學系，選科別時，特別選了可以輪值休息的麻醉科，讓他得以有時間寫作。當用零星碎片的時間寫作已經無法滿足他，三十六歲時他辭掉醫師工作，專職寫作，寫出長篇小說《白色巨塔》、《危險心靈》等膾炙人口的作品。

當醫師有名、有錢、有地位，傻子才會棄醫從文。但是，傻子真的傻嗎？傻子做傻事，可能是傻子比許多渾渾噩噩上下班的人，更知道自己要什麼。

人的這一生，自己想要什麼，只有自己心裡清清楚楚，別人是猜不透的。瞎子吃湯圓，心裡有數。

我有位學弟一直很想當記者，等他當上記者後不到半年，毅然決然辭掉工作，去當立委助理，幫忙輔選。

我們這群資深記者都深感不解，為何要放掉記者工作，去當一個小助理呢？怎不等媒體資歷多一點，羽翼豐厚一點，再去政治人物身邊卡高位，為何要急著從基層開始慢慢熬呢？

他沒有做太多解釋，辭呈一丟，就南下輔選去了。

後來呢？

幾年後，他當上了新聞局長。而我們這群資深的老鳥記者們，還在繼續跑新聞。

他辭掉記者工作投入選戰，是個賭注。他對於未來所勾畫的藍圖與企圖心，不是我們可以理解的。鶴立雞群總是孤獨，鶴唯有不因雞群的議論紛紛而改變志向，才有振翅高飛的一天。

每個叛逆的孩子或者大人，都是因為聽見內心的聲音，猶如海浪拍打著大腦，日夜不停歇地呼喊，驅動他離開人群隊伍，走向自己的道路。

走老路發現不了新地方，走新路也才可能發現新大陸。一個可以創造劃時代的人，都不會是一個聽話、從眾的人。

掏心掏肺的話
請不要聽

朋友阿芳每次跟我提起這件往事總感到懊惱。

在這家公關公司，主管薇姊有兩個得力助手，一個是阿芳，一個是阿華，兩人都是中階主管，彼此都能理解對方的工作困擾，自然而然就常常聚在一起吃飯聊天。

阿華對公司有很多的抱怨。她對制度有意見、對主管薇姊不滿，每天都向阿芳訴苦。

最後離職的人不是怨言滿腹的阿華，而是阿芳。

阿芳談起這事情的口氣像是吃了一個悶虧：「我跟薇姊相處愉快，也很談得來，本來也沒什麼怨言，但每天跟阿華一起吃午餐時，阿華就會開始罵薇姊，一下子抱怨資源分配有問題，一下子嘲笑薇姊跟不上時代，思想落伍了。我聽著聽著，慢慢也覺得薇姊不配坐在主管的位子，厭惡的感覺不斷延伸放大，讓我覺得待在這家公司沒有前途，因而決定離職，離職的原因還有很多，對薇姊的不滿卻是那根壓垮駱駝的稻草。

「在我離職很多年後，阿華還是持續抱怨著，卻始終沒有離職。後來，薇姊離職去創業，阿華也就升官了。在薇姊創業時，她還熱心地幫忙寫企劃案、找辦公室，兩人的感情愈來愈好。而我呢？我跟薇姊卻已經沒有聯絡了，你說我是不是太傻了？」

在職場中，誰沒有傻過呢？

說的人只是抒發情緒，心中對情勢利弊得失有一把尺。當事人沒有入戲，也沒有打算要跟老闆決裂，反倒是一旁的聽眾盡信片面之詞，耳濡目染之下，開始對老闆、對公司感到不滿意了。

連續劇的演員都心知肚明，自己只是來演戲，上戲時配合腳本互相呼巴掌、咒罵，下戲後嘻嘻哈哈，一起聊天吃便當。何時該入戲，何時該出戲，一目了然，反倒是看戲的觀眾對劇中人恨得牙癢癢，黑白分明得徹底，也傻得可以。

上班就是在演戲，公司的制服就是戲服。有些人非常清楚這一點，即便私底下怨天怨地、罵東罵西，也從未曾真心想要離職。即便偶爾有離職的念頭出現，最多只是嘴上說說，最終並沒有化為行動，為什麼呢？

因為公司給予的待遇，可能已經是她目前的最佳際遇。

當有同事開始跟你抱怨時，內心的警鈴要立刻響起。繼續聽下去，很過癮、很有趣，但你也會捲入是非；甚至就算不捲入，對方也可能認為，「我把所有的祕密都告訴你了，你就是我的自己人。我們要同仇敵愾，打倒萬惡的壞人主管。」

別傻了，職場上哪來同仇敵愾，只有「大難臨頭各自飛，利益來臨爭破頭」。

良心建議，如果你是愛打抱不平、有正義感的人，更不能去聽同事抱怨。因為你會想替弱者出一口氣，最終公親變事主，惹來一身腥。

我們對一個人或者一家公司的喜惡，往往會受到周遭的人影響。如果你衡量自己並不討厭主管或者公司，就該跟這些滿滿負能量的同事保持距離，維持上班愉快的好心情。

如果你對公司同事或者主管有很多怨言，請盡量不要選擇同事作為訴苦的對象。雖然同事比較能明白你所抱怨的情境，但也相對危險，到時會不會出賣你，很難說。

誇張的謊言沒有人會信，部分事實的謊言，就很容易取信別人；甚至有時你沒這樣說，若對方加油添醋，也只能啞巴吃黃連。

選擇訴苦對象時，不妨優先考慮老朋友或者老同學，不僅安全，還可以更新彼此的近況，聯繫一下感情。

如果你是一個重視承諾的人，也不適合隨意抱怨公司或者同事。為什麼呢？因為你的人生字典中沒有「隨口講講」四個字，當你在抱怨時，也是在對自己做承諾。言語的力量是很大的，你吐出的字句，一旦啟動了實現諾言的機制，最終會讓你覺得繼續待在這家公司太窩囊、太鳥了。

當你英雄式離職後，隨著日子一天天過去，一回頭才發現，當初讓自己過不去的關鍵點，其實是雞毛蒜皮的事。

職場上，誰面試你，誰錄取你，就已經決定你是誰的人馬。因此在職場上，多數情況來說都得選邊站。

選邊站或許是天經地義的事，但不要受別人的抱怨「聲控」，讓自己無端捲入是非之中。

聽別人的抱怨很過癮，很像是在吃一道色香味俱全的菜，每一口都津津有味。但以長遠眼光來看，過多的調味料終究對身體不好，吃得清淡一點，生活無聊一點，讓你的身心都健康，也比較不會無端捲入是非。

該走還是該留？用「未來的」角度思考

朋友A工作很認真，主管往上呈給老闆的報告都出自她的手，但掛名領賞的是主管。有時她也會埋怨總是為人作嫁，多數的時候就是算了。

也許上天總是願意給認真的人一點機會。

在某次會議上，老闆跟其他部門主管對於報告很滿意，連帶地，A也就被間接肯定了，甚至有了轉調部門的機會。

我好奇地問A：「報告上的名字是你的主管，為何你會被讚美？」

A說：「很多細節我的主管答不出來，我幫忙回答。大家就知道那份報告是我做的。」

看來是一件喜事，但A卻面有難色，怎麼回事？

「別部門的主管，當著我跟主管的面說：『我們有缺人手，你要不要過來？』我主管立刻說：『我自己也很缺人耶，你不要動我的人啊。』別部門的主管因為位階比較高，就笑笑地對我主管說：『那你要快點去找人、去補人啊！』兩個人高來高去的談笑風生，現場一片和氣。」A轉述著當時的情況。

「我是很想轉調過去，因為那個部門的發展性比較好。但我如果現在跑掉，對主管有點不好意思，因為以後就沒有人可以幫她寫報告了。」

A是個溫柔敦厚的人，總是希望做到面面俱到。她對於人情放不下，對於前途也放不下，不知道怎樣做可以兼顧兩者。

我跟A說：「你只需要決定自己要不要過去，想不想轉調，其他的部分，都是主管跟主管之間的事情。對方主管敢挖角要人，絕對是知道在職務上或情勢上她可以這樣做。至於你對自己主管不好意思，我能懂這份善意跟心情。但在職場上，有一天我們都會離開現在的位子，你的主管有天也會退休。職場來來去去是常態，在職場愈資深的人愈不會把這件事情看得太嚴重，你不會是第一個離開她的屬下，也不是最後一個。如果當初沒有屬下離開，你也就不會有位子，不是嗎？」

很多時候我們的痛苦跟糾結，往往是因為煩惱太多不是我們應該思考的事情。擔憂著對方的情緒，事實上，對方真的有你想的這麼脆弱或者沒見過世面嗎？恐怕未必。是你用自己的資歷跟人生經歷，去猜測對方的反應，甚至低估了對方的承擔能力。

有次，我的一位屬下丟辭呈，由於她非常資深，我有點擔憂未來找不到這麼優秀的人才，心裡頗感焦慮。

我的主管對於我的憂心顯得雲淡風輕，她拍拍我的肩膀，說：「可以留就留，留不住就算了。你永遠不要擔心屬下離開後補不到更好的人，有時候你會發現，補來的人可能比之前的屬下能力更好，或者可以給你不同的幫助。最重要的是，不要怕屬下丟辭呈離開。」果然如她所說的，新來補位的人確實表現也不差。

如何在職場上不要有這樣多情緒跟為難？答案就是，做你該做的，思考你能思考的；至於別人的部分，你無法猜測，也無法承擔。

我的朋友阿華曾遇過頂頭上司在出國度假時，職務被架空，座位被分配到角落，公司完全沒有預先知會，等到她來上班時發現情況不太對勁，用ＬＩＮＥ詢問阿華，阿華因此陷入不知如何啟齒的為難。

我建議阿華如實地告知主管公司宣布職務異動的內容，先不要給予情緒性的安慰。因為阿華不會知道，這位突然被架空的主管，此時在想什麼。

而被架空的主管是否會承受不住？也不一定。

她是否會因此丟辭呈？未必。

每個人的考量點，不是其他人可以完全料想得到的。

在職場上，如果我們把他人所有情緒都扛在自己的身上，你一定會陷入做任何決定都會很卡關的窘境。你會把別人的感覺，跟自己的企圖心攪拌在一起，思緒變得混亂，肩膀變得沉重，腳步也邁不開。

遇到事情時，一定要把握「一碼歸一碼」的原則，把事和情分開。

如果你想離職換工作，就是從前途的角度去思考自己要什麼，跳槽後可以得到哪些東西，可以滿足自己哪些個人生涯的期待。

至於主管對你的恩情，你已經用認真工作以及良好的績效做回報。等你離開後，記得送禮表達感謝，這樣就夠了。

人生不可能面面討好，我們多數的時候是在做取捨。在做取捨時，只須煩惱自己該煩惱的。

我們都很渺小，只能決定自己的腳步，考量自己的部分。當你企圖承擔一切，掌控所有局面，就會陷入裹足不前的空轉，就算最終決定繼續前進，也已經白白耗盡了許多心思。

每個轉身，可能就是從此老死不相見

有位忠實書迷最近想要離職，在洽談新的工作，看到我在臉書上寫對舊東家提離職其實不難，一方面讓她受到鼓舞，另一方面內心還是感到焦慮。

她說任職的公司很缺人，大家都有在加班。主管脾氣大，常常情緒勒索別人，說一些讓人不舒服的話。

在我們的文化中，總是希望好來好去、百年好合，因此我們懂得歡天喜地的結婚，卻不知道如何好好離婚收場。我們喜悅於兩情相悅交往的瞬間，卻對於感情愈走愈遠感到不知所措。我們會歡慶找到新工作，卻在該離職的時候，變得瞻前顧後。

以上種種，都是因為我們把分手當壞事。但分手真的不好嗎？如果沒有離開錯的選擇，怎麼可能有機會遇到對的。

不知道你有沒有看過舞台劇？舞台劇上一道簾幕拉起、一道簾幕落下，就可以呈現一個新的時空。我們活著，又何嘗不是如此？每個轉身，可能就是從此老死不相見。因此，你又何苦害怕將來會失聯的人。

情緒勒索要能夠成功，最重要的關鍵不是對方說了什麼，而是你願意被聲控。如果你能在老闆開始訓話時充耳不聞，在心裡開始數羊，專心地數、用力地數：第一隻羊、第二隻羊、第三隻羊……專心數到第一百隻羊，就會聽不到老闆說什麼了，甚至會覺得訓話時間怎麼這麼短，只讓你數到第四十八隻羊，沒有數到一百，功虧一簣。

會用情緒勒索的人，往往是黔驢技窮，已經沒有招數可用了。你的主管如果有什麼其他更厲害的招數，譬如經濟制裁、行政刁難等等，早就拿出來了。

離職不難，請務必放寬心，在職場中倒數的時刻，沒有你想像中的漫長，很快就會走到離職的那天。在此之前，記得低調地過每一天。做不完的專案就好好交接給別人，交接清楚已經是好人品，不要堅持一定要在你手上完工。心態上也要明白，當你離開後，不論交接得多清楚或者把專案做得多完美，只要有一點點狀況，大家都還是會賴到你的頭上。

離職本來就得背黑鍋，讓存活在公司裡的人好過日子，把錯賴給你，對在職的人來說最沒負擔。

你說公司現在很缺人，因此提離職覺得不好意思。請問你在公司的職務是總裁還是總經理？如果都不是，為什麼會認為自己有這麼重要？少了你，部門就無法順利運作？

任何組織都是「人多有人多的作法，人少有人少的辦法」，每間公司都有很多沒必要的事情，人少的時候，這些事情就會自動被捨棄。

你不是總裁，不用這麼擔心公司的營運狀況，好好離職，幫自己找一份高薪的薪水才是正經事。老闆們都不會憂心你離職後會不會吃不飽，你卻在擔心老闆跟主管因為少了你會倒下去，你是不是想太多了？有句台語俗諺說：「日頭赤焱焱，隨人顧性命。」直譯就是「愛自己」，顧好自己。

關於離職，我真的很懂。我很愛離職，一開始離職也會感到捨不得，歡送會結束後感到落寞與離愁，但隔天睡醒後，一切就忘了。

後來更進階，歡送會上就是開心地吃喝玩樂，沒有一絲離愁。

等到離職成精，我就不去參加歡送會了。只想在最後一天打卡下班後，回家上網玩臉書、看電影、吃東西。

人的年紀愈大，對於形式性的東西，就看得愈透徹。沒必要的交際應酬都不想去了，下班後只想回家，好好放鬆做自己。

離職這事情跟人生中任何事情一樣，一回生二回熟。你會困擾離職這事情就代表離職次數太少，多離職幾次，就會瀟灑愉快地揮一揮衣袖，不再牽腸掛肚。

以前我在電視台工作時，有位新進的菜鳥員工離職時一臉歉疚，好像虧欠了公司跟主管一樣。但仔細想想，她才來兩個月啊，根本沒有這麼重要，她的離職對公司來說輕如鴻毛。相反地，對電視台來說非常重要的當家主播，有時跟主管一言不合當天丟辭呈，包包收一收，隔天就不來了，毫無不捨。大牌老鳥深切地了解：我來上班就是貢獻自己的價值交換薪水；我不來上班，薪水就是算到今天，沒有其他牽扯。

我待過許多公司，在離職後，我都鮮少回去了。那些曾經每天都要走過的街道，每天中午都會買的便當店，都不曾再去了。為什麼呢？因為離我家很遠啊，以前去那邊是為了賺錢，如今沒錢賺了，幹麼還要去。

所以，**離職很像一個人重新投胎轉世，離職前的種種像是前世**，前同事的閒言閒語、前主管的百般刁難，很快地，你都不會在意，也想不起來。

請相信一件事情，離職真的沒這麼難，只要三天不去，曠職就成立。當你堅定要離職時，全世界都拿你沒辦法的。

如果你想好聚好散，就是好好交接，不口出惡言，也不要傻傻地給什麼良心建議。人都要走了，說什麼都是多餘。你只能說好話，存好心，謝天謝地謝公司。

記得，離職後送一份禮物給主管表達感謝，這樣就已足夠了。

職場如戰場，化身變色龍應戰

我的好友佩佩是一個職場變色龍，擅長觀察環境，也懂得隨時調整工作態度。過去她總是沒空理睬老朋友，這陣子突然變得隨傳隨到。

「你怎有空來跟我喝下午茶？」我問。

「跟老闆說我要去接送小孩就好了啊。」佩佩一坐下來，就豪邁地大吃。

「這樣可以嗎？你們公司這麼好？」我略感納悶。

「是我很敢開口爭取看看。我沒有打算在這家公司做很久，也沒有要爭取升遷跟加薪了。所以我就頻頻跟同事聊我有多愛小孩，多在乎小孩的教育，讓大家都覺得我是個以家庭為重的好媽媽。形象建立後，後面的請假就合情合理了。」

佩佩說得理直氣壯，不知情的人應該覺得她是賢妻良母，其實佩佩從來不是以家庭為重的人。

我瞪大眼睛，不敢相信她居然四處詐騙，「這種鬼話，你居然說得出口！你去每家公司都這樣說嗎？」

「當然不是啊！我如果在每家公司都表現出這樣愛家，怎麼有辦法升官、加薪？」佩佩的口氣感覺彷彿我涉世未深，「當然是要看情況啊！在有些公司我不會表現出愛家、愛小孩，有些公司我一定要強調自己是好媽媽。」

佩佩進入一家公司後，會先**觀察公司的薪水與福利**，是否值得她把職涯長期規劃在這裡，或是此地不宜久留？

當她很滿意公司的薪酬與環境時，就展開積極往上爬的布局。她雖然已婚，在**爭取主管位子時卻營造單身的假象**，絕口不提老公與小孩。如果老闆有需要，晚上的應酬二話不說地前往。

飯局頻率太高時，老闆還會不好意思地問：「你都不用去接送小孩啊？」此時她會俐落地回答：「我的小孩都是我婆婆在帶。他們感情很好，有婆婆在，我很放心。」

佩佩刻意營造自己可以全力衝刺工作，無後顧之憂的形象。**因此當公司主管**

出缺時，她不會因為是個已婚需要顧小孩的媽媽，而被排除在候選名單之外。

我反問：「如果你兒子的學校真的有事情，需要家長去一趟，你又非得請假的時候呢？」

她笑說：「不要講是兒子有狀況，可以說房子的水管堵住或者修繕之類的。用這種偶發性與一次性的理由來請假，老闆就不會覺得你被家庭絆住了。」

聽到這裡，我都讚嘆了。

但公司總有改朝換代的時候，當挺她的主管離職，新的主管帶了自己的人馬入主，她因為血統不純，怎樣拚也不會升遷時，就會把家庭的瑣事掛在口中，突然媽媽經一堆，之後開始為了照顧小孩、老公請假。她的想法是既然無法升官，就照顧好自己的心情與身體。**不求升遷、加薪，刻意營造愛家、顧家的假象換取自由，用空閒時間找工作。**她深知此時認真拚命工作也沒用了，**騎驢找馬時，工作輕鬆做、日子好過最重要。**

我們都知道變色龍會隨著環境改變身體顏色，保護自己的安全。其實職場上也是如此，當你想要爭奪大位時，在言語上適度地少提家人，營造「偽單身」、全力衝刺的假象，確實比較容易卡到主管位子。

出來工作，**你的家庭狀態，從來不是老闆最在乎的**。平常要不要提到家庭與小孩，可能也是需要評估的，不論說與不說都是智慧與考量。在職場上當個老實人很好，但當個會看風向球的員工，可能發展會更好。

受歡迎的同事，懂得把自己的事情做好

小芝姊在腳底按摩店當櫃檯組長，年資六年。別小看這項工作，在南部搶手的程度超乎你的想像。

「我們老闆都說，如果你們不要做，後面還有人在排。大家不想做，可以直接說。」小芝姊手拖著腮，模仿著老闆的語氣。

上班族內心百轉千迴難以啟齒的的轉職大事，對老闆來說可能比棋盤上移動車、馬、炮還要簡單，這邊缺一個兵，那邊少一個將，指頭動一動就能補上。

「在南部的櫃檯工作這麼搶手嗎？」我不太能理解，一份薪資與發展性都很有限的工作，為何這樣多人應徵，顛覆過往的印象。

「很多人在排隊等喔，櫃台的工作，上下班正常；雜事雖多，卻不難。很多人上班只是想要有一份工作而已。」小芝姊年輕時是櫃檯妹妹，如今變成資深人員，從親切熱情到冷眼看待，日出日落，不以工作喜，不以工作悲，淡然以對，反倒能跟這份工作天長地久。

無加薪、無升遷的工作，居然一堆人搶破頭，令人意想不到。這世界一樣米養百種人，有人天生就只求過日，而不是功成名就；如果人人都力拚出人頭地當高層，誰來當基層，人各有志，社會才能運轉，挺好的，我暗暗這樣想著。

櫃台工作熟能生巧，上手之後工作變輕鬆，這樣的好職缺，還是會有人做不下去，離職的原因，往往是人太好。

「為什麼？人太好會死得快？」我不解地提出疑問。

「菜鳥剛來上班，什麼都不懂，以為什麼事情都要親．力．親．為！」小芝姊用演講比賽的字正腔圓講出「親力親為」，諷刺感十足，「這些年輕的妹妹就是搶著當親善大使，呵呵呵，然後就死了。」

小芝姊的嘲諷，讓我大笑出來。

在腳底按摩店，櫃台小姐負責的工作很雜，包含結帳、招呼客人、摺毛巾、倒垃圾、客人預約等等，一堆雜事中總有些模糊地帶的工作，像是帶客人更換褲子、換泡腳水，也可以由按摩師傅來處理。**所謂的互相幫忙，就是誰有空誰來**

弄，最後變成誰常來處理，這工作就是誰的，從幫忙一下子，變成幫忙一輩子。

櫃台資深的人都深知這道理，對於所謂的幫忙，都會很猶豫。

「電燈壞了，我會裝死假裝沒看到。因為換燈管都是按摩師傅們在處理，如果我很好心的常常去換電燈，沒多久，大家就會認為這工作是櫃檯人員的，不是師傅的。櫃台人員的工作會愈來愈多，到時候我會忙不過來。」

小芝姊書沒念多少，人情世故這門課已經老練到足以出師。她體悟出來的工作哲學，放在任何一行都適用：

（一）劃清工作界線，才能和諧相處

職場菜鳥容易陷入事事親力親為的狀況中。熱心幫同事的忙這種事情偶一為之即可，常常幫忙職務界線就會模糊，也會養成同事的依賴，甚至把你的幫忙當應該，有天你不幫忙就不近人情。

職場上的幫忙，一如金錢援助是救急不救窮，許多人踏入新的工作職場，會急著想要融入，以熱心幫忙換取同事的好感。短時間總可以得到許多好評，長期下來卻會讓自己疲於奔命。因此，**弄清楚職務內容，把應該做的本分做好，**時間久了，就可以得到同事的情誼，急著過度付出，會讓自己早早陣亡。

（二）太親近就難調度，付錢的交易最簡單

小芝姊在這家腳底按摩店工作六年了，她不像菜鳥櫃台人員急著討好師傅們，試圖搏感情，甚至會**保持點距離，因為這份距離可以讓工作更順暢**。

「你跟按摩師傅太好，很多時候就會叫不動他們，他們就會凹你來處理。」不僅小芝姊懂得拿捏距離，更從不貪圖方便與佔小便宜，「我如果想要按摩，都去別人的店，直接付錢是最簡單的交易。在店裡按摩就算師傅算你便宜一點，這個人情你總是要還的，到時候更累。甚至你在店裡按摩，不管你付錢還是沒付錢，久了就會有很多閒言閒語。」小芝姊精闢分析。

花錢讓事情變簡單，去別家店按摩也少了瓜田李下的誤會與紛擾。

在職場上，**想要當個受人歡迎的同事，最重要的不是人很好，而是有本事把自己的工作做好**。等你作好了本分，行有餘力才去幫別人，千萬不要自己都還沒站穩，就急著幫人扛重物，反倒讓自己身陷泥淖，無力自顧。

職場風險難測，看清職場的本質

「我們公司組織又改組了，我被調到行銷部，沒有人來問過我願不願意過去，超誇張的！我是看公布欄的公告才知道，你說扯不扯？」小晶吞下滿腹委屈，認命地到行銷部報到，內心還是無法壓抑住不滿，急忙找我吐吐苦水。

「你們常常改組嗎？」我問。

「常常在改，每次一改組，就資遣一批人。」小晶無奈地說。

小晶任職的公司常常資遣員工，原因五花八門，做得好不一定可以保命安身，做得爛也不見得必須捲鋪蓋走人。**職場上評量的標準，比每天高高低低的股票走勢還難預測。**

我聽完小晶的抱怨後，建議她可以開始丟履歷找工作，「你們這樣的公司不能待，連資遣都可以成為公司的常態，調動職務根本是小巫見大巫。」

我繼續說著：「你必須趁著自己還年輕，還有條件挑企業，快點找一家制度比較健全的公司，好好待著。你們公司早晚一定會資遣你，等你年紀大了再被資遣，就比較麻煩。」

職場風雲詭譎，小晶隱隱約約也覺得公司的大刀早晚會砍向自己，認同「騎驢找馬丟履歷」才是正解。

晚上我接到好友小雪的電話，她的職場資歷豐富，但公司的制度讓她很無力。

「我的屬下很混、很誇張，請她寫篇新聞稿，統統亂寫。她的心態就是反正有交就好，萬一寫不好，我會幫她改好，都做四年了，毫無進步。」小雪用氣急敗壞的口氣抱怨著。

「這樣沒戰鬥力的屬下，你可以用四年？你也真是佛心來著。」我打趣說笑著。

「她又不是我面試的。她很懂得討好以前的主管，嘴巴甜就夠了，根本不用做事。我接任後才發現她這樣爛，試用期早就過了八百年，我不是收爛攤子，我是收了爛人。」小雪對於前朝遺孤非常不滿。

難用就不要用啊，這麼簡單的道理，實行起來，卻有其困難嗎？

「她也知道我不喜歡她，卻怎樣都不肯走。她說：『沒有拿到資遣費，就不會走。』」

給資遣費不是天經地義嗎？看來我想得太簡單。

小雪氣憤地說：「我問過公司人資，人資說『本公司不存在資遣費這東西』，要我『技術性』讓她走。我直接嗆人資，公司這樣的潛規則到底是『技術性』讓她走，還是『技術性』在逼我走啊！她不走，我都想走了！」

小雪愈說愈生氣，真沒想到「請神容易送神難」這道理在職場上也適用。

為什麼公司不肯給資遣費？小雪的答案是：「我們老闆很在乎企業形象，他希望大家覺得我們這家公司不僅熱心公益還很善待員工，資遣員工會讓社會觀感不好，讓他沾染惡老闆的名聲。」

許多人常常都以為給資遣費是正常的，真實的職場似乎不見得如此。請你想想周圍朋友的職場故事，不難發現有不少企業不太願意給資遣費，甚至公司還認為「技術性」逼走員工也是主管的技能。至於如何技術性逼走，例如：給予高難度的業務、任意調動、冷言諷刺、無事可做，都是常見的方式。

在這個年代，資遣員工的老闆，也不一定是慣老闆，員工被資遣不一定是能力不好，原因很多，可能是部門縮編、產業外移等等都有可能。職場不是談戀愛，薪水跟資遣費給好給滿，就已經是及格的好老闆了。我們不用汙名化被資遣的員工，也不用汙名化會資遣人的企業，有聚就有散，天下本來就無不散的筵席。

當公司與主管不愛你時，上班真可用「度日如年」來形容。此時，不如多花點心力找新工作，換個地方上班，可能比較有前途與錢途。

我們在職場上的時間，比你想像中的短很多，大概從二十幾歲到六十幾，不過是四十年的光陰，**你的時間成本昂貴，要找個值得發展的地方來浪費，才能隨著年資的累積拿到最好的報酬**。被資遣不是壞事，甚至可以讓你早點看清職場的本質就是銀貨兩訖而已，你也不至於因投入太多的感情而心生怨懟。

條條大路通羅馬，機會是自己創造的

「修理紗窗、紗門、換玻璃，修理紗窗、紗門、換玻璃……」每當我休假在家時，總會聽到窗外傳來這樣的廣播聲。一開始不以為意，日子久了，無形中也烙印在腦海裡。

有天我發現家裡的紗門破損時，腦中閃過一念，下次再聽到修紗窗的廣播時，就找他來修理好了。

「你這個紗門整片換掉一千元，如果換比較好的鋼紗要一千五。」紗窗師傅報完價後，路邊停好發財車，在車上丈量施工。

不到一小時，我有了嶄新的紗窗，「你每天在這附近開發財車廣播，碰過整天沒生意的情況嗎？」

「很少啦！沿路廣播就有人會來招車，找我修理。愈接近年底大掃除時生意愈好，我們家兩個兄弟都做這個。」師傅被太陽曬得黝黑的臉，閃耀著自信的光芒，那是一種吃飯不愁的篤定神采。

一聊之下，才知道師傅的兒子是國立大學經濟系畢業，畢業後有陣子也跟著師傅出來做，「我兒子說外面的工作才兩萬多，根本做不下去。當時他一邊準備考試，一邊幫忙我，我要他好好準備公股銀行的考試，他考了幾次就考上了。」

紗窗師傅說自己生意好的時候，一個月可以賺十萬多。他沒念過多少書，念國立大學的兒子費盡千辛萬苦考進公股銀行，起薪才三萬多。

「怎不叫他跟你一起做這個就好，一個月可以賺十幾萬，比三萬多好太多了啊！」我感到很不解。

「我問你啦，人一輩子也不過幾十年，賺很多錢要幹麼呢？我們這行要爬高爬低，也是滿危險的。我沒念過多少書所以沒有其他選擇，我還是希望他去上個班，生活過得去就好了。」

紗窗師傅的父愛表露無遺，也看出他的人生智慧。

他接著說：「你不要小看公營的銀行員工薪水只有三萬多，什麼績效獎金，有的沒的獎金加一加，等於一年可以領十五到十七個月。這種工作追求的就是穩定，以及好處在後面啦。我有個朋友在銀行總務部門當主管，退休時領到八百多萬，日子都不用愁了。」

「師傅，你是怎麼知道在公營銀行的待遇好？」對於學歷不高的紗窗師傅，卻如此懂得銀行產業，讓我有點好奇。

「我有時候也會跟一些做鋁窗的師傅配合，一起到銀行跟政府單位修理東西或者施工。因此也認識了主管，本來是想要用人脈拜託主管讓我兒子進去工作，結果根本沒有人理我。

「公家單位工作穩定但也是有風險，這些資深的員工只要跟的人倒了，換新的主管上來，就會被刁難。我認識的那個總務主管，之前做的順順的，後來換了新主管，他每次採購或者發包東西，新主管都不滿意，他就明白自己該主動申請調到其他地方。反正薪水也沒減少，自己識相，日子也好過。」

紗窗師傅分享的職場百態很真實。任何一個職場都是如此，**一旦改朝換代了，管你多能幹，只要你不是我的人馬，就是不好用，也不愛用。**

我問師父怕不怕客人比價？

「我不怕啊，現在人都這麼忙，沒時間等來等去。我開台小發財車可以立刻幫你修理，也不用預約什麼的，大部分的人都不會比價啦！小姐，你要珍惜有人幫你修理東西勒，**以後這些行業都沒有人要做了，你有錢也找不到人修了。**」老師傅非常了解自己的工作價值。

這次的聊天對話，讓我領悟出一些心得，過去的時代，大家生活比較悠閒，能比價就比價，東省西省，日子捱著捱著也就過了。現代人太忙了，時間就是金錢，只要能免除等待與預約，貴一點也沒問題。因此只要能提供方便性的產業，在未來都很有利可圖，像是送餐服務，就是這類型的經濟產物，紗窗師傅的隨招隨停服務，不僅讓自己有了競爭力，也免去削價競爭。

紗窗師傅沒有店面，光靠一台發財車四處廣播，幾乎每天都有生意上門。我們也應該像紗窗師傅一樣四處投石問路，自尋機會，時間久了就會有迴響。

此外，認識誰，不代表就是人脈。師傅認識許多銀行或者企業主管，但遇到要請託時，卻總是吃到閉門羹。可見認識是累積人脈的第一步，但要發展成有用處的深度人脈，背後還隱含了雙方要能互換資源，互相拉抬，這個人脈才算是成立。

過去的時代是「萬般皆下品，唯有讀書高」，現在是只要有一技之長，月收入破十萬沒問題，反倒是上班族要月薪破十萬，難如登天。時代的變遷有時候也頗令人啼笑皆非，職涯如何做選擇，關乎著自己的價值觀，所幸從這個例子也可以看出，只要肯做，人人都有出頭的一天。

上班八小時是為了賺錢謀生，下班後的時間才是人生

不同的職場會磨鍊出不同的性格，當年我剛入記者這一行時，總編輯就曾告誡我：「你寫一百篇受訪者的好話，受訪者不會記得你。當你寫一篇受訪者的壞話，他從此就記得你，看你的眼光也就不同了。」

記者的工作要對受訪者保持質疑，要從新聞事件中找出問題，要勇於對高官、富商提問，在這樣的訓練下，菜鳥記者入行兩三年後，個性會愈來愈剽悍、愈來愈獨立，也會懂得如何解決問題。這種性格的優點是懂得打理自己，獨立作業；缺點是好鬥、善鬥、得理不饒人、以牙還牙，小事化大、大事一定要鬧更大。新聞人喜歡的不是和解，而是衝突，因為有衝突才有新聞。

記者工作需要是處處挑政府與企業的錯誤與毛病，導致我們不擅長也不習慣

稱讚別人，講酸話更是一把罩。新聞部主管、主播的位子僧多粥少，卡位時不擇手段。在資源稀缺之下，處處是刀光劍影的競爭，沒有「溫良恭儉讓」這回事，我們的眼中只有自己。光是拍農曆年的賀年影片誰站中間，誰露臉的秒數比較多，都可以引發彼此的不快。

你的得到就是我的失去，你的幸福就是我的不幸，明爭與暗鬥是永不落幕的戲碼。

等我到企業任職時，碰到的同事多數個性都很溫和，衝擊了我原本「競爭為王」的工作價值觀。某次，我負責主持某場記者會，別的部門主管詢問我，記者會當天穿什麼顏色的衣服，我隨口說：「白色。」

隔天，我改變想法穿黑洋裝上場，到了會場，那位主管笑臉盈盈地說：「米姊，你不是要穿白色嗎？我特別請其他同事都穿黑色，要凸顯穿白色衣服的你耶，你怎麼穿了黑色？」

她「成人之美」的善意讓我大為震驚，因為那是我在電視台從未感受過的。

等我後來離開企業轉職到天主教創立的大學工作，學校的職場文化更是改變我的三觀，受益一生。

記得那天，我在學校的長廊找不到要去的教室，這時有個聲音響起，「需要我幫你什麼嗎？」我循聲看去，一位笑容可掬的修女注視著我。我內心湧上一股暖意，修女的身教讓我明白，我們可以主動爭取幫助別人！

後來，每次在校園中看到有人茫然無助地站在教室外時，我也會上前詢問一句：「你需要幫忙嗎？」

翻看學校行事曆時，有個活動吸引了我的目光——「教職員退休祈福餐會」。我在不同產業轉職，看盡鬥爭，今日位高權重的主管，明天打包走人；人事更迭在轉瞬間，想要在一家公司待到退休很難。但在學校的職場環境裡，待到退休是理所當然的事情，甚至是基本福利。

後來有一次，我對於某件事情感到非常不滿，激動地跟主管直接表達我的憤怒。原本以為她會反駁甚至罵我一頓，沒想到她卻說：「讓你這麼難過，我很抱歉。」

我很意外自己的憤怒，居然能被如此溫柔的承接。她充滿同理心的語氣，讓我的態度也軟化下來，甚至感到內疚。此時，我體悟到，**在處理事情前，承接別人的情緒，表達理解與同理心，是溝通的第一步**。過往我只會在站自己的角度蠻幹，跟世界據理力爭，辛苦了自己，也折磨了別人。

我在學校同事的感化下，有稜有角的個性逐漸變得柔和了一些。我從習慣批判別人，逐漸轉為懂得肯定別人，讚美四周的環境。我發現自己居然會對別人的表現說出「你好棒」，而不是過往掛口頭上的「好爛」、「不怎麼樣」。

改變職場長期馴養出來的個性不是一蹴可幾的事，花了多久的時間養成，就要花加倍的時間去修正。我從習慣說別人「好爛」到能說出「好棒」，大概花了兩年的時間。

很多人都認為能在螢光幕前頭頭是道的評論時事很拉風，卻不知當一個人處處以挑剔的眼光看世界時，心中所建構出來的世界也非常嚴厲。當你溫柔地對待世界，世界也會回應你溫柔。

在媒體圈的鬥爭環境中，我自認是溫和派，也讓我以為自己不善鬥爭，後來才知道，擅不擅長從來不是絕對，甚至是相對的。等我轉戰到企業後，發現跟同事們相比，自己脾氣滿大的；跟其他主管相比，攻擊性也挺強的。那些溫柔又善體人意的同事們，如同鏡子一樣，映照出我的難搞和犀利，於是我開始學習收斂脾氣。

有句成語「橘逾淮為枳」，用來比喻人的品性會隨著環境的不同而改變。南方的橘樹移植至淮河以北，結成的果實被稱為枳。外表相似，味道不同，為何會有這樣的改變？因為生長環境的差異。

每家公司的企業文化、價值觀都大不同，造就出員工不同的職場性格，沒有一種職場性格是全然的好或壞。我們因為職業而改變自己的性格，無非是為了求生存。

上班八小時是為了賺錢謀生，下班後的時間才是人生。如果謀生的性格已經干擾或者破壞了你的人生，你可能必須停下腳步來思考，在你的人生排序中，最重要的是什麼？

在人生中的不同階段，想要的東西往往不同。但你要懂得自我覺察，才不會人云亦云，隨波逐流，偏離了航道，失去最重要的東西。

撕掉自卑的貼紙，填補內心的黑洞

如果人生勝利組有個模板，在電視台任職的文哥就是從這個模子印出來的完美作品。他擁有名校學歷，在大企業當主管，職位是幾人之下，百人之上。同事們都說他拿了一手好牌，有如神助一般，隨意丟牌也能全贏。他自己卻常常看著手上的牌，感到「難道人生就是這樣」的茫然。

他自嘆：「我擁有的一切不過就是社會門面，門面就是門面，好看而已。你看那個過去跑黨政新聞的勇哥，他離開公司後改接主持、跑通告，在政治圈很有影響力。月收入保守估計四十萬台幣，把錢賺進口袋的能力才是真的實力。像我這種只有社會門面的，空有虛名，騙騙不懂的人還可以。」

文哥的眼光從未放在自己身上，總是注視著其他人看似更完美的人生。

某種程度上，我跟文哥的心情很類似。記得多年前，當我在職涯上站穩腳步，卡到了不錯的職場位子，內心卻總覺得還是不夠，不夠、不夠。是不夠有錢嗎？還是不夠有名？好像是，卻也好像不是。總之，就是不滿足。

我心裡有個黑洞，吞噬掉所有的榮耀，頻頻催促著我要更努力、更進取、獲得更多社會動章，好餵飽我那飢渴的心靈。

我以為我的自卑來自童年家庭的貧困，我一直覺得老家的房子太破舊、不夠體面，導致在求學階段不太敢帶同學回家。為了彌補我內心的黑洞，在工作收入比較好以後，梭哈所有存款，買了一間漂亮的房子。

此時我突然體悟到，自己所有的努力都是在填補心靈的空缺。但當內心空缺被物質塞滿了後，又會有新的洞出現，一個接著一個。

最終讓我身心安頓下來的，是阿德勒書中的一句話：「所有人都會有自卑感，懷疑自己的價值，又想證明給他人看。自卑是每一個人都會經歷的狀態，推動人去進步的燃料，透過自卑才能使人超越自我。」

看到這裡，內心突然鬆了一口氣。原來自卑感能成為超越現狀的燃料，推升自己到新境界。

作家蔡康永曾在著作中提及，他接觸過許多耀眼的明星，八成的明星都會對自己感到自卑。當我理解到連看似完美的明星身上，其實都有一張自卑貼紙時，我的自卑貼紙也就沒有那樣黏TT了。

經典電影《魔球》（Moneyball）中的棒球總經理讓一支戰績始終吊車尾的球隊，在外界一片不看好中逆轉勝，贏得了比賽。電影裡面有句話也療癒了我：「也許你已經打了一支全壘打，但你不知道而已。」

是啊，也許我們都是那位站在球場上，打出漂亮全壘打卻渾然不知的球員。面對突如其來的掌聲感到懷疑，甚至不敢相信。因為我們的目光總是追逐著別人的好，相信那些在臉書上粉飾過後的生活都是真的，以為別人天天都在歡慶過年，只有自己度日如年。

也許我們該做的事情，不是疲於奔命地四處追求，而是理解自己的快樂和悲傷。學著將生活中的小確幸放大，去討好獨一無二的自己，讓自己活在知足常樂的人生裡。

當你過好每一天，就能過好這一生。

生命脆弱，去愛、去闖、去做自己想做的事情

我在三十幾歲、工作正得意時，考上了EMA。同學們個個有來頭，都是嚴選出來的社會菁英。

湯姊是我的EMA同學，跑社會新聞十幾年，身上有些江湖味，喜歡行俠仗義，碰上不公不義的事情時，拿刀出來廝殺是正常能量發揮。

「我投保的保險公司很扯耶，我都得癌症了，保險公司還說得到他們指定醫院做檢查，否則不理賠。他們就盡量刁難好了，沒關係，我找立委幫忙處理，最差就是上法院打官司不然大家就來告。」

湯姊說到做到，找了曾經罹患癌症的立委幫忙舉行記者會。記者會還沒開，保險公司預先知道消息後，立刻登門道歉，快速地把理賠金送到她的戶頭。

毫無意外地，她打了一場漂亮的勝仗。

湯姊在職場上驍勇善戰。她說跑社會新聞的記者是男生的天下，也因此女記者要當上社會組主管很難。當她被拔擢時，幾封黑函寄到公司，也傳出不少流言蜚語。

她每次提起當時被誣陷的情況就有氣：「我跟你講，電視上那個名嘴某某某，他螢幕形象看起來很正派、很愛老婆，其實才不是這樣。他不僅花心，上酒店還不付錢，很垃圾！他當時不服氣我升官，四處說我的主管位子是睡來的，我直接在辦公室大聲質問他，『你是不是去跟某某說，我跟主管有一腿，升官是睡來的？你把證據拿出來給大家看。你今天公開說清楚、講明白，也省得日後四處去講。』」

造謠的同事愣住了，以好男不與女鬥為由，落荒而逃。

湯姊個性認真積極，不僅在工作上表現出色，在學業上也拿了幾次獎學金。

「學費這麼貴，一定要學到東西啊，不然就白來了。」湯姊堅定地說著。

但身上的癌症來得又急又快，湯姊的身體愈來愈虛弱。

她在生命正在倒數階段，仍然繼續寫著論文，這點令我很不解，念書有這麼重要嗎？為什麼要耗費心力去拿文憑？

「她就是想要寫啊，她想把文憑拿到手。你覺得沒有意義，她覺得很重要啊。」另一位同學說。

湯姊在病房中寫完了論文，完成階段性任務。後來，癌症擴散到腦部，住在病房中的她神智愈來愈恍惚，人生的浮光片影，時空錯亂又重組排列地出現。她氣若游絲地張開嘴，說著讓人聽不懂的話，讓我們每次去探病時，心又往下沉了一些。

她的碩士論文是以詐騙集團作為研究，論文摘要寫著，「綜觀所有的詐騙案件，詐騙集團都有一本教戰手冊來做為詐騙成員和受害者聯繫的劇本。讓故事產生說服效果的其實是受害者本身的經驗投射。」她在邊做化療下完成的論文品質毫不遜色，內容扎實精彩，是她用盡力氣書寫的遺作。

那一夜，湯姊四十幾年的精彩人生，倉促走入句點，跟我們永遠告別了。

我曾反覆思索，如果我的生命倒數時光，會想做什麼事情呢？應該不是好好養病等死。在最後的寶貴時光，誰都會想去做自己真正想做的事情，湯姊也是如此。那本論文是她病重時的精神寄託，從這個角度來看，湯姊在生命的終點，應該是快樂的。

湯姊走了後，我把她的獨照放在辦公桌上。我常常在上班時看著她的照片，提醒自己：「人生很短暫，去愛、去闖、去做自己想做的事情，別花時間跟人計較與生氣。」

如果你的生命即將走入倒數階段，你想做什麼呢？什麼事情、什麼人會列在你的遺願清單裡？趁著今天還能呼吸，起身去做吧！

無常和明天，不知哪個會先到來

「我以前在業務部都是業績冠軍，你都不知道，那時候在報社拉廣告有多輕鬆，坐在辦公室就有人打電話來。業務部同事口袋賺得飽飽的，沒事就去飯店喝下午茶。」

蕾姊早年在報社當業務，趕上產業的黃金時期，財富像打開自來水龍頭一樣，源源不絕。日進斗金，花起錢來自然大手大腳，平常生活中吃的、用的、都是高檔貨。她的頭髮吹燙染整非要在東區知名的髮廊不可，名牌服飾三宅一生的衣服只是日常便服；保養做臉的頂級會員卡，一張一張買。

日子過得優渥，人也顯得特別年輕，五十幾歲的她看起來像是四十初頭一樣。

出身窮苦人家的她，懂得人情世故，深諳錢可以收買人心的道理，經常掛在嘴上的就是：「帳單拿來，我來處理就好。」「送人的禮物一定要買名牌，收禮的人才會印象深刻。」「錢的部分你們不要管，我來負責。」

蕾姊做人大方，也懂生活情趣和玩樂。早些年瘋露營，這些年迷上攝影，屢次跑到日本追櫻。喜歡櫻花的她，對於櫻花季從不錯過，我常常在假日突然接到蕾姊的電話：「大米，你在幹麼？櫻花開了，我載你去看花。」

我拿了衣服往外衝，和她來一趟說走就走的旅行。

在車上，我不安地問：「我們住哪？山上住房應該都客滿了吧？」

蕾姊把車子開得飛快，深怕玩的時間少了一分一秒。她快人快語地說：「我開車，你負責打電話訂房間。」

「有房間就住，最貴的總統房也可以。」她面不改色地說著。

錢，對蕾姊來說不是問題；玩得盡不盡興，才是重點。跟她出門，我總像是走進大觀園的劉姥姥，打開奢華世界的門縫，一窺富貴人家度日的風光。

對於看病這件事，蕾姊更是慎重，不論大小病，總要往貴族醫院跑。收費貴一點又如何，命只有一條，怎樣都要照顧好。

貴族醫院的醫師把蕾姊的病判斷錯誤，令她一度氣惱，但從病情後來的發展來看，倒沒有延誤就醫，因為她得到的病，無藥可醫。

蕾姊在罹患慢性衰退的疾病後，更抓緊時間玩樂。有次她開車載我去法鼓山看盛開的百合花。在車上，她說：「以後可能不能開車載你了。我生病了，四肢愈來愈無力，將來只能改包車出來玩。」

包車出遊，一趟下來都要破萬。還是受薪階級的我，荷包有限，分擔不起車資，只夠搶著付飯錢，嘴裡說著：「不好意思，今天讓你花費這樣多。」

人情練達的蕾姊很給台階地說：「大米啊，你的文章會影響很多人，你很快會賺大錢，到時候我讓你請客。」

我很有骨氣地說：「好，等我以後賺到很多錢，換我包車請你出來玩，換我請人開車去你家接你。你想吃什麼、玩什麼，我都買單。」

時間流逝得很快，蕾姊的體力衰退得更快。人生很多時候，是禁不起等待的。當我收入提升到可以面不改色付錢時，蕾姊的身體已經衰弱到無法出門遊玩了。

蕾姊的主管在她病重時依舊雇用她，那是人情，也是溫情。但這份溫情蕾姊承受不起，對於一個身體一日比一日虛弱的人來說，上班已是無法負荷之重。

她生病後四處探訪名醫，尋求能重返健康的機會。當多數人都想祈求更好的未來時，她只想回到「如常的過去」，那個會走、會動、會跑、會跳的過去。

蕾姊生病後，家人因為還得上班、上課，隨侍在側的是外籍看護。在醫院人來人往的候診區，多數是外籍看護陪伴著老人與病人。我體悟到，有一天，當我們老了、病了，可以依靠的，可能不是小孩或者另一半，幫你掛號、推輪椅、陪你去做復健的，往往是外籍看護。

蕾姊的病無藥可醫，清醒的大腦困在衰敗到無法行動的身體，令人看了不忍心。幾年後，疫情來襲，蕾姊染疫過世，親人縱然不捨也覺得這對蕾姊來說也算是解脫。

我屢屢在重遊舊地時，想起跟蕾姊一起遊玩的過往，我終於懂得，生命有限，共同創造出的回憶卻可以永存，即便某一天有人先走一步，也依舊活在留下的人心中。

人生是一趟旅程，沒有誰能永遠站在高峰上，終究要走下山來。此生欣賞過燦爛如煙花的風景，也就值得、無憾了。

人生顧問548

人生就是一次次的得到與放下

作者　黃大米
責任編輯　龔橞甄
美術設計　王瓊瑤
校對　劉素芬

總編輯　龔橞甄
董事長　趙政岷
出版者　時報文化出版企業股份有限公司
一〇八〇一九　臺北市和平西路三段二四〇號四樓
發行專線　(〇二)二三〇六六八四二
讀者服務專線　〇八〇〇二三一七〇五
(〇二)二三〇六六八四二
讀者服務傳真　(〇二)二三〇四六八五八
郵撥　一九三四四七二四　時報文化出版公司
信箱　一〇八九九　臺北華江橋郵局第99信箱

時報悅讀網　www.readingtimes.com.tw
法律顧問　理律法律事務所　陳長文律師、李念祖律師
印刷　勁達印刷有限公司
初版一刷　二〇二五年三月七日
初版五刷　二〇二五年六月十九日
定價　新台幣三七〇元
(缺頁或破損的書，請寄回更換)

時報文化出版公司成立於一九七五年，
並於一九九九年股票上櫃公開發行，於二〇〇八年脫離中時集團非屬旺中，
以「尊重智慧與創意的文化事業」為信念。

人生就是一次次的得到與放下 / 黃大米著. -- 初版. -- 臺北市：時報文化出版企業股份有限公司, 2025.03
面；　公分. -- (人生顧問；548)

ISBN 978-626-419-251-4 (平裝)
1.CST: 人生哲學

191.9　　114001009

ISBN 978-626-419-251-4
Printed in Taiwan